La prépa École de commerce

TOUT CE QU'IL FAUT SAVOIR

Groupe Eyrolles
61, bd Saint-Germain
75240 Paris cedex 05

www.editions-eyrolles.com

Création du livre conduite sous la direction de Nicolas Guay.

Crédits photographiques : ©Istockphoto : ©A-Digit, ©Cundra

ISBN : 978-2-212-54684-2

La prépa École de commerce

TOUT CE QU'IL FAUT SAVOIR

Éric Flatt
Loïc Dilly
Nicolas Guay
Patrick Nguy
Sarah Rezenthel
Thomas Roulet
Baptiste Thomas

EYROLLES

Sommaire

Les auteurs

Eric FLATT
- Diplômé ESCP-EAP
- Fondateur dirigeant d'une société de conseil à Londres

Loïc DILLY
- Créateur et administrateur du site prepa-hec.org
- Diplômé de l'ESC Lille
- Chef de produit dans une entreprise du FTSE 100

Sarah REZENTHEIL
- École Normale Supérieure de Cachan
- Agrégée d'économie-gestion
- Prépare actuellement un doctorat en STAPS à l'université de Rouen

Baptiste THOMAS
- Étudiant à l'ESCP-EAP, cursus international Madrid-Londres-Paris

Nicolas GUAY
- Modérateur du site prepa-hec.org depuis 2007
- Diplômé EM Lyon, spécialité finance
- Double-diplôme HEC Montréal
- À assuré la coordination de l'ouvrage

Patrick NGUY

- Modérateur du site prepa-hec.org depuis 2006
- Double-diplôme Bowling Green State University (USA)
- Actuellement étudiant à Audencia Nantes, spécialité Finance

Thomas ROULET

- Diplômé Audencia Nantes, spécialité finance
- Master de recherche, spécialité gouvernance économique à l'Institut d'Études Politiques (Sciences Po) de Paris
- Préparant actuellement un doctorat en sciences de gestion spécialité stratégie à HEC

prepa|HEC

prepa-hec.org
http://livre.prepa-hec.org

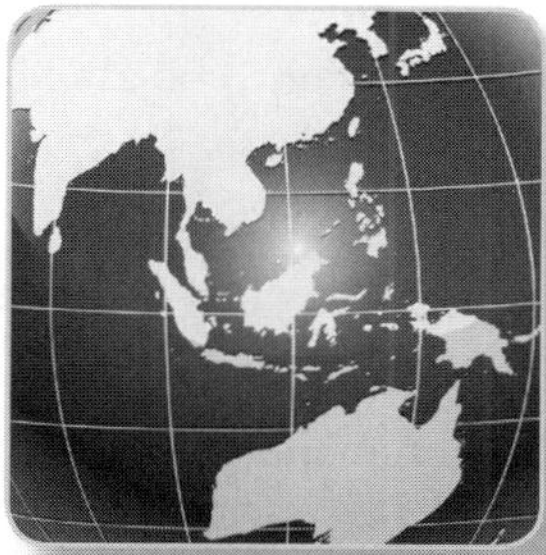

Préface

Rédiger une préface n'est pas chose aisée, surtout quand c'est la première fois. Mais ceci traduit bien la nature de ce livre, qui regroupe un ensemble de premières et d'innovations. Il s'agit en effet du premier ouvrage destiné aux lycéens et étudiants de « prépa », entièrement rédigé par des personnes elles-mêmes passées par la « prépa » HEC, et qui ont ensuite expérimenté des parcours variés. C'est également le premier livre basé sur les dix ans d'expérience d'un site Internet, www.prepa-hec.org, déjà précurseur en son temps. Sa vocation ? Donner la parole aux étudiants et faciliter l'échange d'informations et de conseils. Le slogan du site a d'ailleurs longtemps été « Pour les prépas, par des prépas ». Enfin c'est le premier ouvrage basé non pas sur l'expérience d'une seule ou de quelques personnes(s), mais sur les expériences et les avis de milliers de lycéens, étudiants, professeurs et professionnels, recueillis en grande partie sur le site Web.

La genèse de ce guide ressemble trait pour trait à la celle du site www.prepa-hec.org lors de sa création en 2000 : donner la parole aux étudiants et fournir des informations précises, claires, basées sur des expériences réelles et non partisanes sur les opportunités offertes par les classes préparatoires des grandes écoles (CGPE) en France. La tâche semblait immense, puisque le postulat de départ consistait à sélectionner parmi les centaines de milliers de messages et les nombreux témoignages accumulés depuis dix ans les méthodologies, stratégies de révision ou d'organisation éprouvées par d'anciens élèves, ayant fait leurs preuves. L'équipe des auteurs du livre s'est attelée à la tâche avec abnégation. Vous tenez entre les mains le résultat de cette sélection attentive.

Ce livre est divisé en six grandes parties, abordant chacune une étape importante du parcours :

- Avant la « prépa » : les prérequis au lycée, la procédure d'admission (bien choisir sa « prépa », bien faire ses vœux, etc.).
- La « prépa » en elle-même : comment cela fonctionne, comment la réussir et bien aborder les concours.
- L'école et le premier emploi : quels choix faire, comment tirer profit de l'école pour décrocher le poste de ses rêves et lancer sa carrière.

L'idée qui a animé l'équipe du livre a toujours été de fournir une option viable aux sources d'informations existantes, souvent de qualité et largement documentées, mais n'offrant pas de vue d'ensemble, depuis le lycée jusqu'au premier emploi, et péchant par l'absence de vécu et d'ancrage dans la réalité quotidienne de l'enseignement en classe « prépa » ou de la recherche d'emploi en école de commerce.

Le lecteur nous pardonnera : n'étant ni auteurs, ni journalistes, nous avons parfois pris une certaine liberté de ton et évité tout sensationnalisme. Sans être des enfants spirituels de Zola, nous avons simplement souhaité décrire la réalité des choses et fournir des informations utiles pour prendre les bonnes décisions en matière d'orientation et avoir toutes les cartes en main pour réussir.

Lycéen, étudiant, parent : ce livre est fait pour vous, grâce à vous.

Loïc Dilly, administrateur du site www.prepa-hec.org
et coauteur du livre

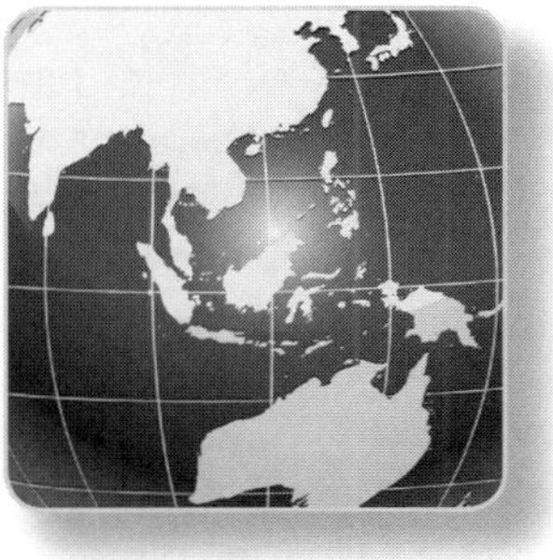

Introduction

Les études commerciales ont changé

Depuis la création des premières écoles de commerce au XIXe siècle, les études commerciales ont beaucoup changé. Autrefois méprisées, considérées comme étant « bas de gamme », accessibles à des étudiants sans le niveau pour tenter les écoles normales ou celles d'ingénieurs, elles constituent à présent le vivier des métiers de cadres et font jeu égal avec les écoles d'ingénieurs, parvenant même à détrôner ces dernières en termes de rémunération. Si les écoles étaient autrefois accessibles directement après le baccalauréat et sélectionnaient peu leurs étudiants, elles sont à présent devenues très sélectives. Il est aussi difficile d'intégrer les meilleures écoles de commerce que les meilleures écoles d'ingénieurs.

L'élément clé de cette sélectivité des écoles de commerce est la classe préparatoire, dite classe « prépa ». Depuis la création des premières classes préparatoires économiques et commerciales dans les années 1970 – autrefois connues sous le nom de classes préparatoires au haut enseignement commercial, ou « prépa » HEC – beaucoup d'eau a coulé sous les ponts. Les écoles supérieures de commerce (ESC) sont désormais accessibles après la classe préparatoire, passée à deux ans en 1995 – s'alignant ainsi sur le modèle des écoles d'ingénieurs.

La fameuse « prépa » est synonyme de difficulté. Difficile à intégrer, difficile à vivre, difficile à mener à terme. Bref, tout semble concourir pour transformer cette période en un lourd fardeau, d'autant plus pénible qu'il s'accompagne de forts enjeux. Pourtant, on y apprend à un rythme effréné, le cerveau est grandement stimulé. On peut donc en tirer de réels bénéfices, autant culturellement qu'intellectuellement, en parvenant à terme à décrocher la meilleure école possible.

C'est pour aider les lycéens et les étudiants des CPGE que nous avons conçu ce livre : permettre aux lycéens de bien se préparer et à bien choisir leur « prépa » ; aider les étudiants à y gagner en efficacité et en épanouissement ; enfin guider tous les étudiants de la filière commerciale vers une intégration idéale au monde du travail.

Tout au long de ce livre, vous découvrirez nos conseils pour aborder au mieux cette période difficile, s'y préparer, et être le plus efficace depuis les derniers jours de terminale jusqu'aux concours, voire au-delà. Nous avons regroupé toutes nos expériences personnelles, qui englobent de nombreuses écoles, des « prépas » variées et des cursus très divers, ainsi que des renvois vers les innombrables témoignages du forum de prepa-hec.org.

La difficulté relativement récente des études commerciales est à la hauteur du prestige qu'elles ont acquis. Ces années passées en « prépa » ne seront pas vaines : si elle s'avère aussi difficile, c'est que cela en vaut largement la peine.

Nicolas Guay, diplômé de l'EM Lyon et coauteur du livre

Chapitre 1

Se poser les bonnes questions pour bien s'orienter

La majorité des étudiants intégrant une classe économique et commerciale le font afin d'intégrer deux ans plus tard une ESC. Ce choix s'inscrit donc dans une démarche d'orientation complète qui doit être pensée et mise en place dès le lycée.

Dans la mesure du possible, l'élève doit réfléchir à son orientation dès les classes de seconde et de première, non seulement pour choisir sa filière et sa spécialité au baccalauréat, mais aussi parce que l'heure des choix arrive très vite en terminale. Or, une décision prise dans l'urgence laisse souvent un goût d'inachevé et fait douter de la pertinence de cette solution.

Ce chapitre a vocation de présenter les différentes filières menant aux métiers du commerce et de montrer pourquoi la classe préparatoire économique et commerciale reste aujourd'hui la voie royale pour accéder aux ESC.

Les classes préparatoires menant aux ESC

La classe préparatoire venant d'abord à l'esprit lorsque l'on envisage d'intégrer une école de commerce est sans aucun doute la « classe préparatoire économique et commerciale». Cependant, ce n'est pas la seule : suivant son profil et son projet, plusieurs options se présentent. En effet, si toutes les classes préparatoires menant aux ESC proposent une formation théorique, les matières enseignées et l'importance accordée à chacune d'entre elles varient. Nous allons donc passer en revue les différentes classes préparatoires permettant de présenter les concours d'entrée en ESC.

Les classes préparatoires économiques et commerciales

La classe préparatoire économique et commerciale reste, malgré les alternatives que nous allons proposer, la voie royale et dédiée pour intégrer une ESC. L'enseignement et la préparation proposées sont orientés vers cet objectif. Il existe trois sections de classes préparatoires économiques et commerciales ayant chacune des enseignements et des épreuves spécifiques au concours. Chaque section s'adresse à un baccalauréat particulier.

La classe économique et commerciale voie scientifique (ECS)

L'ECS s'adresse aux bacheliers scientifiques. Cette voie est la plus ancienne et la plus répandue : les «prépas» ECS représentent 60 % des effectifs totaux des «prépas» aux ESC. Les élèves y reçoivent un enseignement composé de mathématiques de deux langues vivantes, de la culture générale et de l'histoire et géographie économique (HGE). Les mathématiques occupent une place importante puisqu'elles peuvent atteindre un tiers des coefficients de l'écrit pour l'admission dans certaines écoles de commerce, dont les plus prestigieuses (HEC, ESSEC et ESCP).

La classe économique et commerciale voie économique (ECE)

L'ECE s'adresse aux bacheliers économiques. Les élèves y reçoivent le même enseignement que ceux de «prépa» ECS pour les langues vivantes et la culture générale. Mais l'enseignement en mathématiques est allégé (deux heures en moins), au profit de l'analyse économique et historique (AEH). Au moment du concours, les coefficients sont relativement égaux entre toutes les matières.

La classe économique et commerciale voie technologique (ECT)

Elle s'adresse aux bacheliers technologiques, essentiellement la filière STG. Les enseignements dispensés sont les suivants : mathématiques et informatique, économie, langues vivantes étrangères, culture générale, techniques de gestion et informatique, droit. Cette voie reste assez peu connue et assez marginale, les deux caractéristiques s'entretenant certainement l'une et l'autre.

GS Retrouvez des informations et explications sur www.prepa-hec.org/prepa/prepa.php.

Les classes préparatoires ENS Cachan : les « prépas » D1 et D2

Comme leur nom l'indique, ces classes préparatoires ont pour objectif premier de préparer les concours d'entrée à l'École Normale Supérieure (ENS) de Cachan au département droit du campus de Ker Lann (proche de Rennes) pour la filière D1 et au département économie et gestion de celui de Cachan (dans la banlieue sud de Paris) pour la filière D2.

Cependant, le nombre de places disponibles restant limité (dix-sept pour le droit, trente pour l'économie-gestion), ces classes préparatoires doivent garantir d'autres débouchés à leurs étudiants, dont les ESC. Ainsi, les élèves des classes préparatoires D2 peuvent présenter les concours Tremplin et Passerelle, qui ouvrent l'accès aux mêmes écoles de commerce que les concours réservés aux classes préparatoires économiques et commerciales – sauf pour HEC, l'ESSEC et l'ESCP.

Pour les élèves de la filière D1, les autres débouchés sont davantage les Instituts d'Études Politiques (IEP) qui peuvent aussi mener aux ESC. Mais attention à ne pas trop s'éloigner des sentiers battus : l'objectif de notre ouvrage n'est pas de proposer des voies complexes et incertaines...

GS Pour en savoir plus sur les écoles de commerce et admissions parallèles, visitez www.prepa-hec.org/concours/admission-parallele-ast.

Ces classes préparatoires se caractérisent par une convention spécifique entre le lycée et une université. Ainsi, les cours se partagent entre ces deux établissements et l'élève de classe préparatoire obtient également la validation de ses années universitaires. Ce dernier point peut s'avérer très intéressant si, pour une raison ou une autre, l'étudiant décide de poursuivre ses études en « fac » à l'issue de ses deux années de « prépa ».

En pratique

Les élèves des classes préparatoires D2 du Lycée Turgot, à Paris, suivent les cours suivants.

Au lycée

- Analyse économique : 4 heures.
- Histoire économique : 2 heures.
- Mathématiques et statistiques : 3 heures.
- Histoire des idées : 2 heures.
- Langue vivante : 2 heures.

À l'université

- Économie descriptive : semestre 1, 3 heures de cours + 1 heure 30 de TD.
- Mathématiques : semestre 1, 3 heures de cours + 1 heure 30 de TD.
- Statistiques, informatique : semestre 1, 2 heures de cours + 1 heure 30 de TD.
- Microéconomie : semestre 2, 3 heures de cours + 1 heure 30 de TD.
- Théorie économique : semestre 2, 3 heures de cours + 1 heure 30 de TD.

Suivant les lycées, les cours peuvent être orientés gestion et non économie, l'étudiant choisissant son option au concours d'entrée à l'ENS Cachan.

Pour des informations complémentaires sur cette « prépa », consultez la page spécifique du site du Lycée Turgot : http://lyc-turgot.scola.ac-paris.fr/ens_eco.php.

Précisons cependant que le lycée Turgot n'est pas le seul à proposer cette formation et que l'on peut aussi consulter les sites Internet des autres lycées !

Les classes préparatoires littéraires

Il existe deux types de classe préparatoire littéraire : A/L et B/L. La première est une classe « lettres » visant principalement les ENS Ulm et Lyon. La seconde, aussi désignée par l'appellation « Lettres et Sciences Humaines », prépare également aux concours des ENS Ulm, Lyon, mais aussi Cachan. Ces deux types de « prépas » préparent aussi aux ESC leur proposant un concours spécifique, avec un petit avantage pour la filière B/L.

Les débouchés des différentes classes préparatoires

Le tableau suivant propose un récapitulatif des différentes classes préparatoires menant aux ESC en précisant le public concerné et les autres débouchés possibles[1].

Classe préparatoire	*Baccalauréats admis*	*Concours et écoles accessibles*
Économique et commerciale voie scientifique	S (ES spé. maths)	Écoles de commerce (concours scientifique) ENS Cachan section D2 « Économie et gestion » ENSAE
Économique et commerciale voie économique	ES (L spé. maths)	Écoles de commerce (concours économique) ENS Cachan section D2 « Économie et gestion » Concours d'admission à Saint-Cyr
Économique et commerciale voie technologique	STG	Écoles de commerce (concours technologique) ENS Cachan section D2 « Économie et gestion » .../...

1. Rapport d'information n° 441 (2006-2007) du sénateur socialiste Yannick Bodin, fait au nom de la Commission des affaires culturelles et de la mission d'information, déposé le 12 septembre 2007.

Classe préparatoire	*Baccalauréats admis*	*Concours et écoles accessibles*
D2	ES S L	ENS Cachan section D2 « Économie et gestion » Écoles de commerce (certaines) IEP ENSAE
A/L option ENS Ulm classique	L (ES, S avec très bon niveau littéraire)	ENS Ulm « Lettres » Écoles de commerce (concours lettres et sciences humaines) IEP, écoles de journalistes
A/L option ENS Lyon moderne	L (ES, S avec très bon niveau littéraire)	ENS Lyon « Lettres et sciences humaines » ENS Cachan section E « Langues étrangères » Écoles de commerce (concours lettres et sciences humaines) IEP, écoles de journalistes
B/L option	S (ES, L avec très bon niveau en maths)	ENS Ulm « Sciences sociales » ENS Lyon « Sciences économiques et sociales » ENS Cachan section D3 « Sciences sociales » ENSAE Écoles de commerce (concours lettres et sciences humaines) IEP, écoles de journalistes

Les alternatives aux classes préparatoires

La classe préparatoire n'est pas la seule voie pour accéder à une ESC. Quatre possibilités s'offrent à ceux qui ne souhaitent pas ou ne peuvent passer par une classe préparatoire : l'école de commerce post-bac, le brevet de technicien supérieur (BTS), l'institut universitaire technologique (IUT) et l'université.

L'école de commerce post-bac

Comme son nom l'indique, cet établissement permet d'intégrer une ESC directement après le baccalauréat. Cette possibilité est ouverte à toutes les séries, même si les filières S et ES restent majoritaires.

Il existe une centaine d'écoles de commerce post-bac, la majorité proposant des formations généralistes et des diplômes en trois, quatre ou cinq ans. Un tiers des étudiants en ESC ont fait le choix d'une telle école.

L'admission en ESC post-bac se fait sur dossier ou concours. Certaines écoles se sont regroupées pour proposer des épreuves écrites communes. Il existe quatre concours communs :

- Sesame : www.concours-sesame.net ;
- Pass : www.concours-pass.com ;
- Team : www.concours-team.net.

Pour en savoir plus sur l'école de commerce post-bac, ESC post-bac, visitez www.prepa-hec.org/ecole-commerce/post-bac.

Comment intégrer une école post-bac ? Les réponses sur www.prepa-hec.org/ecole-commerce/post-bac/integrer-ecole-commerce-sans-prepa.

Le BTS et l'IUT

Ces deux filières peuvent être regroupées en raison de la grande similitude observée dans le parcours pour intégrer une ESC. Dans les deux cas, il s'agit de filières sélectives en deux ans après le baccalauréat permettant de présenter les concours d'admission parallèle évoqués plus haut (lire « prépas » D1 et D2).

Écoles de commerce, admissions parallèles : visitez www.prepa-hec.org/concours/admission-parallele-ast ; et rendez-vous sur la page listant les liens du forum à http://livre.prepa-hec.org/liens.

Nous vous conseillons vivement d'opter pour un IUT ou un BTS dont la spécialité est en rapport avec les écoles de commerce, c'est-à-dire économie ou gestion. Cependant, de manière générale, la formation proposée par l'IUT s'avère plus adaptée à la poursuite d'études que le BTS, davantage professionnalisant. Enfin, ce dernier est enseigné dans des lycées au fonctionnement encore très scolaire, alors que les IUT sont rattachés aux universités.

L'université

Elle représente, après les classes préparatoires D2, les IUT et les BTS, une quatrième voie pour présenter les concours d'admission parallèle aux ESC. Certaines universités proposent même en option une préparation spécifique à ces concours, voire innovent, comme celle de Bretagne Sud, en créant leur propre classe préparatoire, adossée à une licence (de langue étrangère appliquée ou de sciences économiques). Ce système a été inauguré à la rentrée 2009... Une idée et un fonctionnement à suivre ! L'université délivre des diplômes de niveau Licence (bac + 3), permettant ainsi de postuler aux admissions sur titre de l'EM Lyon, l'ESSEC et HEC.

Rendez-vous sur le forum à www.prepa-hec.org/forum/bts-dut-mieux-adaptes-pour-les-concours-passerelle-t9911.html.

Pourquoi choisir une classe préparatoire économique et commerciale ?

Si toutes les voies présentées ci-dessus peuvent mener à une ESC, pourquoi suivre deux années de classe préparatoire économique et commerciale ? Chaque année, les classes préparatoires accueillent plus de soixante-dix mille étudiants, dont environ seize mille en classe préparatoire économique et commerciale. La classe préparatoire est une filière sélective qui reste attractive : en témoigne la hausse régulière des effectifs depuis 2002[2]. Une note d'information de l'Éducation Nationale du 16 mars 2008 reprend les principales motivations de l'inscription en classe préparatoire, présentées dans le tableau suivant.

2. *Ibid.*

Motivation	*CPGE*			*Cycle préparatoire des écoles d'ingénieurs*	*Ensemble élèves CPGE*	*Ensemble nouveaux étudiants*
	Scientifique	*Commerciale*	*Littéraire*			
Débouchés de la filière	65	76	29	78	64	47
Intérêt pour les études	54	59	83	72	63	56
Projet professionnel	37	40	34	33	36	45
Plus de portes ouvertes	38	41	49	16	36	16
Suivi et encadrement	30	28	34	16	27	12
Résultats scolaires précédents	30	20	30	16	25	11

Source : suivi après le baccalauréat des élèves entrés en sixième en 1995 (MEN-DEPP).

Une formation de qualité

En général, on estime qu'une classe « prépa » assure une formation de haut niveau et de grande qualité. C'est l'occasion d'acquérir des connaissances et des compétences dans le domaine académique grâce au contenu des cours dispensés. Le programme des deux années menant au concours est en effet très dense dans toutes les matières et permet de se forger une solide culture générale et un très bon niveau en langue vivante.

Cependant, les connaissances théoriques sont loin d'être le principal bénéfice de la « prépa ». Elle va également permettre d'acquérir des méthodes de travail efficaces et de développer une aisance à l'oral, très utiles à terme dans la vie professionnelle et quotidienne. En effet, préparer les concours, signifie certes posséder de nombreuses connaissances, mais aussi pouvoir les restituer clairement et de façon organisée dans un temps limité, que ce soit à l'écrit ou à l'oral. Afin de développer ces capacités, l'élève de classe préparatoire bénéficie d'un encadrement inégalé dans les autres formations de l'enseignement supérieur :

- effectifs réduits, rarement plus de quarante élèves par classe ;
- cours dispensés par des professeurs très qualifiés, la plupart agrégés ;

- devoirs surveillés chaque semaine ;
- concours blancs ;
- interrogations orales régulières, les fameuses « colles », en moyenne deux par semaine.

Au total, l'élève de classe préparatoire bénéficie de près de quarante heures d'encadrement par semaine. La qualité de l'enseignement et l'importance des moyens qui lui sont accordés pour qu'il réussisse se résument par l'investissement de l'État, présenté dans le tableau suivant.

Niveaux d'enseignement	*Effectifs*	*Dépense moyenne par élève (euros)*	*Dépense globale (milliards d'euros)*
Enseignement pré-élémentaire	2601460	4660	12,1
Enseignement élémentaire	3985865	5060	20,2
Collège	3172852	7960	25,2
Lycée général et technologique	1552907	10310	16
Lycée professionnel	812519	10370	8,4
Classes préparatoires aux grandes écoles (CPGE)	76160	14250	1,1

Source : ministère de l'Éducation Nationale, « Repères et références statistiques », 2008.

La voie la plus directe pour intégrer une grande ESC… mais pas seulement

La classe préparatoire économique et commerciale prépare spécifiquement aux épreuves des concours réservés aux « prépas » des différentes ESC. La Conférence des Grandes Écoles (CGE)[3] a fixé un seuil minimal de 50 % des admis recrutés en classe préparatoire pour pouvoir y adhérer. Le plus grand nombre de places dans les grandes ESC est donc réservé en priorité aux élèves des classes économiques et commerciales.

3. Association de grandes écoles d'ingénieurs, de management et de haut enseignement multiple ou spécifique, toutes reconnues par l'État et délivrant un diplôme national sanctionnant au moins cinq ans d'études après le baccalauréat. Elle compte aussi parmi ses membres des entreprises, des associations d'anciens élèves et des organismes (www.cge.asso.fr).

Attention donc aux orientations détournées (« prépa » lettres, « prépa » Cachan, etc.) évoquées plus haut. Ce choix doit être très réfléchi. En effet, on peut avoir un piètre niveau dans une matière et se révéler en « prépa » et aux concours. L'enseignement étant intensif, un déclic peut se produire et faire éclore des capacités jusque-là insoupçonnées. Cela arrive assez régulièrement (avec une petite réserve cependant pour les révélations mathématiques...).

Autre point important : le nombre de places proposées aux concours est en général légèrement supérieur au nombre de candidats. Si tout le monde ne sera bien évidemment pas reçu à HEC, un élève de classe préparatoire ayant travaillé sérieusement tout au long de la « prépa » présente très peu de risques de se retrouver sans école ! Ceci explique que 76 % des étudiants en classe préparatoire commerciale précisent que les débouchés offerts ont largement influencé leur choix d'orientation.

Cependant, la grande ESC n'est pas le seul débouché possible après une classe préparatoire économique et commerciale. Pour un élève indécis en terminale, simplement sûr de son désintérêt pour les filières scientifiques, la classe préparatoire économique et commerciale permet de garder un grand nombre de portes ouvertes et de se réorienter à la fin de la première ou de la seconde année en passant les concours des IEP ou en réintégrant l'université. Les connaissances théoriques et les méthodes de travail acquises pendant la « prépa » font de ces changements de voies une réussite dans l'immense majorité des cas.

Enfin, l'élève de classe préparatoire économique et commerciale peut également passer un certain nombre de concours élargissant ses horizons au-delà de l'ESC : l'ENS de Cachan, Saint-Cyr (voie E uniquement), l'École Nationale de la Statistique et de l'Administration Économique (voie S uniquement).

Une formation économiquement accessible

Enfin, dernier argument – mais non des moindres – en faveur de la classe préparatoire, ces études sont probablement parmi celles revenant le moins cher. Hormis les classes préparatoires économiques et commerciales privées, les classes préparatoires se déroulent dans un lycée public. La scolarité y est donc quasi gratuite. De plus, les classes préparatoires sont bien réparties géographiquement. Ainsi, une centaine d'établissements propose une classe économique et commerciale. L'éloignement géographique est donc souvent moindre que pour aller à l'université. Les frais de transport et de logement s'en trouvent limités. Concernant ce dernier point, 68 % des lycées proposant une classe préparatoire ont un internat, solution qui permet de se loger et de se nourrir à un prix très abordable !

Le seul coût important de cette formation concerne l'inscription au concours (voir chapitre 5). Quelle que soit la voie choisie pour passer les concours d'entrée en ESC, « prépa » ou pas, les frais d'inscription sont de toute façon incontournables. Certaines dispositions permettent aux boursiers de pouvoir les payer. En revanche, le coût des ESC doit être envisagé dès le début du projet de l'étudiant, notamment pour se renseigner sur les différentes possibilités de financement (lire le chapitre 6).

Pour en savoir plus, rendez-vous sur le forum à http://livre.prepa-hec.org/liens.

Suis-je fait pour une classe préparatoire économique et commerciale ?

Si tous les points positifs sur la « prépa » décrits jusqu'ici sont bel et bien avérés, il existe aussi des contreparties, à commencer par la formation très scolaire, extrêmement exigeante sur le plan du travail personnel et de l'organisation. De ce fait, cette formation ne convient pas à tout le monde. Certains peuvent donc avoir intérêt à passer par des voies parallèles.

En pratique

Pour savoir si la « prépa » est faite pour vous, faites le test suivant. Non exhaustif et sans aucune valeur scientifique, il aide cependant à se poser les bonnes questions !

Affirmations	*Oui*	*Non*	*Commentaires (lire plus loin)*
J'aime la manière dont est organisé l'enseignement au lycée : les cours théoriques, les contrôles, les bulletins, etc.			2
Les appréciations sur mon bulletin regorgent d'adjectifs élogieux, je n'ai jamais d'appréciations négatives.			1
Lorsqu'il m'arrive d'avoir une mauvaise note, cela ne m'abat pas, je m'évertue à y remédier.			3
J'aime les maths et réussis bien (pour les L spé. maths, ES et S).			1
J'aime travailler avec des gens de mon niveau, cela me stimule.			3
On me reproche parfois d'être trop scolaire.			2
Une fois mon travail scolaire terminé, il me reste beaucoup de temps pour d'autres activités.			1
Il ne m'arrive que rarement de me retrouver à 23 heures devant une dissertation non commencée à rendre pour le lendemain !			3
J'ai une moyenne supérieure ou égale à 12/20 dans toutes les matières enseignées en classe préparatoire économique et commerciale.			1
Je ne suis pas pressé d'entrer dans le monde du travail.			2
Je suis à l'aise pour rédiger.			1
Lorsque l'on me critique, je sais me remettre en question.			3
Je suis classé dans la première moitié de la classe dans toutes les matières importantes en classe préparatoire.			1

Si vous avez répondu « oui » à toutes les questions, vous semblez avoir le profil idéal pour faire une classe préparatoire et commerciale. Sinon, pas de panique ! Cela ne signifie pas que vous ne pouvez ou ne devez pas faire de classe préparatoire économique et commerciale. Cela souligne simplement l'intérêt de s'améliorer dans certaines caractéristiques et exigences de la classe « prépa » en se posant les bonnes questions pour s'assurer qu'il s'agit de la meilleure orientation pour soi !

Lisez à présent avec une attention particulière les paragraphes dont le numéro (1 à 3) correspond aux affirmations auxquelles vous avez répondu par la négative... Cela dit, la lecture des autres paragraphes est elle aussi fortement recommandée !

1. Le niveau scolaire au lycée

Avant même de se poser la question de l'adaptation en classe préparatoire, il faut se demander si son niveau est suffisant pour y entrer, et surtout pour y réussir. Reprenons les exemples proposés dans le test.

Vous avez des appréciations élogieuses : les professeurs sont souvent les mieux placés pour anticiper la réussite d'un élève. Des appréciations soulignant la qualité de la réflexion, le sérieux du travail, etc., sont de bon augure. Au contraire, des appréciations signalant des difficultés de compréhension, un manque de maîtrise des bases, des difficultés persistantes malgré les efforts, etc., doivent aider à réfléchir sur la capacité à suivre en classe préparatoire et envisager éventuellement une autre orientation.

J'ai une moyenne supérieure ou égale à 12 dans toutes les matières enseignées en classe préparatoire économique et commerciale et *Je suis dans la première moitié de la classe dans toutes les matières importantes en classe préparatoire* : si cela ne concerne qu'une matière et que l'on n'a pas trop décroché dans cette dernière, ce n'est pas rédhibitoire. En revanche, si cela se vérifie partout, il faut s'interroger sérieusement sur les raisons de ces résultats moyens et sur la pertinence de se lancer dans une « prépa » sur des bases aussi fragiles.

Vous aimez les maths et y réussissez : pour les voies S mais aussi E, la place des maths est (très) importante. Si l'on n'apprécie pas cette matière et/ou que l'on y éprouve des difficultés, il est peut-être dommage de s'engager en classe « prépa », car les chances de réussite pour les meilleurs concours seront limitées d'entrée. En revanche, si vous avez répondu oui à toutes les autres questions, une « prépa » D2 est envisageable, ouvrant les portes de bonnes ESC tout en libérant du poids des mathématiques !

Je suis à l'aise pour rédiger : la majorité des matières en classe préparatoire nécessite de produire un effort conséquent en rédaction (même les maths) ! Si rédiger vous est difficile, il faut se demander dans quelle mesure ce point primordial peut être amélioré avant le concours !

Une fois mon travail scolaire terminé, il me reste beaucoup de temps pour d'autres activités : le travail demandé et nécessaire en classe préparatoire dépasse largement celui de la classe de terminale. Il est donc indispensable de disposer d'une réserve de travail.

2. Le côté scolaire de la « prépa »

J'aime la manière dont est organisé l'enseignement au lycée : les cours théoriques, les contrôles, les bulletins, etc. : les classes préparatoires sont organisées dans les lycées et suivent donc le même mode de fonctionnement : emploi du temps fixé pour toute l'année scolaire, mêmes vacances scolaires, devoirs surveillés notés, bulletins trimestriels, conseils de classe, etc. L'enseignement reste théorique et non orienté vers le monde professionnel.

On me reproche parfois d'être trop scolaire : les critères de rédaction et de notation sont très codifiés : pour réussir au concours, il faut accepter de respecter ces codes. Être trop scolaire signifie que vous vous « pliez » facilement à ces codes, cela peut devenir un avantage en « prépa » !

Je ne suis pas pressé d'entrer dans le monde du travail : si vous recherchez un enseignement pratique et un lien avec le monde professionnel, mieux vaut s'orienter vers un IUT, un BTS ou une école post-bac. Et pour plus de souplesse dans son organisation ou pouvoir exercer un métier à côté, mieux vaut s'orienter vers l'université.

3. Les exigences et l'ambiance de la « prépa »

J'aime travailler avec des gens de mon niveau, cela me stimule : la classe préparatoire n'est pas la jungle ou l'univers de compétition fréquemment décrit. En revanche, il est indéniable que le concept de concours qui marque la fin des deux années de « prépa » implique nécessairement une ambiance différente de celle du baccalauréat. Dans le cas du concours, il ne suffit pas d'être bon : il faut être meilleur que les autres. Cette idée sera forcément à un moment donné dans le coin de votre tête… et dans celle des professeurs.

Il ne m'arrive que rarement de me retrouver à 23 heures devant une dissertation non commencée à rendre pour le lendemain ! : la charge de travail demandée est très importante, dans chaque matière. Il faut donc savoir s'organiser efficacement pour gérer à la fois les cours quotidiens, les devoirs surveillés et les interrogations orales. Cela n'est pas impossible – beaucoup l'ont déjà fait avec succès –, mais la capacité d'organisation constitue l'une des clés de la réussite !

Lorsqu'il m'arrive d'avoir une mauvaise note, cela ne m'abat pas, je m'évertue à y remédier et *Lorsque l'on me critique, je sais me remettre en question*. L'objectif étant d'être le meilleur possible au concours, la formation est construite de façon à éviter de se reposer sur ses lauriers pour chercher à toujours progresser. Les professeurs visent donc toujours à faire prendre conscience aux élèves de leurs possibilités de progression. Cela peut occasionnellement – voire souvent au début – entraîner des notes catastrophiques, des remarques éventuellement perçues comme négatives... Il faut être conscient de cet aspect avant d'entrer en « prépa ». Si l'on se sait capable de prendre le recul nécessaire et de s'en servir pour réussir les concours, la « prépa » vous conviendra. Si en revanche, cela semble insurmontable, mieux vaut peut-être passer par une voie parallèle pour entrer en ESC !

Retrouvez sur le forum trois discussions relatives au sujet : « La prépa est-elle une bonne option pour moi ? », « La prépa ou la vie » et « Les notes en prépa HEC » sur http://livre.prepa-hec.org/liens.

Un point clé de l'orientation : s'informer

L'orientation post-bac constituant un choix déterminant, il faut la préparer. Une des clés pour réussir son orientation consiste à disposer des bonnes informations et connaître les différentes filières pour rechercher laquelle correspond le mieux à la fois à ses intérêts du moment et à son projet professionnel.

Le tableau suivant présente divers moyens d'informations concernant l'orientation générale, la classe préparatoire économique et commerciale en particulier ainsi que les débouchés des ESC.

S'informer au lycée	*Les professeurs* : on oublie souvent qu'ils restent les mieux placés pour donner des conseils d'orientation. Ils ont en effet une bonne vision du travail et des capacités de l'élève, ainsi qu'une vision d'ensemble acquise par l'expérience. Ils sont particulièrement compétents pour évoquer les établissements de la région. Mieux vaut privilégier les professeurs avec qui l'on s'entend bien et à qui l'on fait confiance ainsi que les professeurs des matières clés de l'orientation choisie. *Les conseillers d'orientation :* il peut être utile de les rencontrer dès la seconde pour connaître les différentes voies possibles. Suivant leur expérience, ils aident à sélectionner les établissements convenant à l'élève.
S'informer sur Internet	• *Pour déterminer son orientation en général* : un test aide à déterminer les centres d'intérêt et les métiers intéressants : www.kledou.fr/. Le site de l'ONISEP : www.onisep.fr/onisep-portail/portal/group/gp. • *Pour connaître les débouchés des écoles de commerce :* www.reussirmavie.net/Les-metiers-apres-une-ecole-de-commerce_r40.html. • *Pour s'informer sur les classes préparatoires HEC :* www.prepa-hec.org, ainsi que les sites des lycées proposant des classes préparatoires HEC. • *Pour s'informer sur les autres formations menant aux métiers du commerce :* les sites des lycées proposant des BTS; ceux des IUT et des universités; les sites des écoles de commerce post-bac.
S'informer à la bibliothèque	• *Pour déterminer son orientation en général* : les diverses publications de l'ONISEP. Roudaut G., *Pour quel métier êtes-vous fait ?*, Studyrama, 2009. • *Pour connaître les débouchés des écoles de commerce :* Collectif Hobsons, *Les métiers après les écoles de commerce*, 2008, Hobsons France. Carré E., collectif, *Les écoles de commerce et après*, Ellipses, 2005. • *Pour s'informer sur les classes préparatoires HEC :* Vous avez ce qu'il vous faut entre les mains! • *Pour s'informer sur les autres formations menant aux métiers du commerce :* Wolski M., *Bien choisir son IUT ou son BTS*, L'Étudiant, 2009. Mandry P., *Bien choisir son école de commerce et sa filière d'économie-gestion à la fac*, L'Étudiant, 2008.

S'informer sur le terrain	Vous avez une idée de ce que vous voulez faire mais hésitez encore entre plusieurs formations ou plusieurs établissements : rendez-vous aux journées portes ouvertes ! C'est l'occasion de voir « en vrai » l'établissement, de rencontrer les professeurs, des anciens élèves, de « sentir » l'ambiance… et surtout de poser toutes ses questions !
Pour s'informer encore plus	N'hésitez pas à mettre à contribution votre entourage pour profiter des expériences de chacun : parents, amis, etc.

Retrouvez sur le forum l'espace dédié aux écoles de commerce post-bac sur www.prepa-hec.org/forum/ecoles-commerce-post-bac-f36.html. Posez toutes vos questions sur la « prépa » : (anciens) étudiants et professeurs répondent rapidement sur www.prepa-hec.org/forum/vos-questions-sur-prepa-f1.html.

À retenir

L'objectif de ce premier chapitre était double : présenter les différentes filières menant aux ESC et proposer des critères pour choisir la filière correspondant le mieux au profil de l'étudiant.

Concernant le premier point, l'étudiant a donc le choix pour s'orienter vers des études commerciales entre :

- une école de commerce post-bac ;
- des classes préparatoires dont une spécifique à la préparation des concours des ESC, la classe préparatoire économique et commerciale ;
- d'autres filières sélectives (BTS et IUT) ;
- les universités.

Le choix entre ces différentes filières doit se faire selon différents facteurs :

- le niveau scolaire de l'étudiant ;
- ses goûts ;
- sa capacité de travail et d'organisation ;
- son caractère ;
- ses moyens financiers.

Ces facteurs sont donc nombreux et surtout extrêmement variables d'un étudiant à l'autre. De ce fait, il est impossible de proposer une grille d'évaluation permettant d'affirmer que tel ou tel étudiant doit suivre telle ou telle formation. Notre objectif est plutôt de donner des pistes de questionnement à l'étudiant, de lui faire part d'expériences vécues, de sources d'informations pour l'aider à élaborer sa propre réponse, qui ne peut être que personnelle.

Chapitre 2

Le dossier et la procédure d'admission en « prépa »

Vous souhaitez vous orienter vers une « prépa » commerciale ? Mieux vaut s'être décidé dès le début de la classe de première, puis mettre les bouchées doubles pour briller sur les bulletins scolaires et accéder aux meilleures classes préparatoires. Mais rien n'est perdu si cette décision n'est prise qu'en janvier de l'année de terminale ! Voyons comment fonctionne la procédure d'admission en « prépa », quelles sont ses particularités et les astuces à connaître pour en sortir gagnant.

Comprendre la procédure d'admission

De la procédure papier à la procédure en ligne

Le système d'admission avant 2003

Avant 2003, la procédure d'admission pouvait laisser vacantes certaines places en classe préparatoire à la rentrée. En effet, pour chaque type de classe préparatoire demandé (économique et commerciale, ENS Cachan, scientifique, littéraire, etc.), l'élève de terminale remplissait un dossier papier où ses professeurs de terminale des matières principales pour la « prépa » demandée notaient une appréciation. L'élève y ajoutait ses bulletins scolaires et tout ce qu'il jugeait utile pour que son dossier soit évalué au mieux. Pour finir, le dossier complet était repris par le proviseur qui émettait un avis général. Pour chaque type de « prépa », l'élève émettait trois vœux d'établissement : si le premier n'était pas accepté, le dossier était transmis au suivant, enfin le cas échéant au dernier vœu.

Cette procédure présentait plusieurs inconvénients. De nombreuses classes « prépa » connaissant leur classement en termes de vœu choisissaient les élèves les ayant classées premières. Il ne restait donc plus de place pour les vœux de deuxième ou troisième position. Par conséquent, un mauvais choix de premier vœu pouvait ruiner les chances du candidat...

Par ailleurs, les différents types de classe « prépa » étaient traités différemment. Un candidat pouvait être admis à la fois en « prépa » ECS, Cachan, B/L et s'inscrire dans les trois pour ne se désister qu'à la rentrée. Des places pouvaient donc rester vacantes.

En outre, les dossiers n'étaient pas homogènes puisque chacun était libre d'y placer toutes les pièces qu'il jugeait utiles... D'où une inégalité éventuelle entre les candidats.

Enfin, cette procédure était tout sauf écologique et faisait perdre beaucoup de temps puisqu'il fallait constituer sensiblement le même dossier pour chaque type de « prépa » demandé !

Une procédure centralisée depuis 2003

Depuis 2003, le système d'admission en « prépa » passe par un site Internet, www.admission-postbac.fr/, qui centralise les candidatures. Au départ, ce système ne permettait de classer que les candidatures en classe préparatoire (économique, commerciale, scientifique ou littéraire). Depuis 2009, il offre l'intégralité des choix possibles, du BTS à l'université, en passant par médecine, pharmacie et surtout les écoles d'ingénieurs et de commerce après-bac. Ceci laisse le champ libre pour établir une stratégie d'admission.

L'inscription sur le site est ouverte dès décembre de l'année de terminale, mais les choses sérieuses commencent généralement vers le 20 janvier. Les dates variant d'une année sur l'autre, n'hésitez pas à le consulter régulièrement pour ne rater aucune échéance.

En pratique

Pour information, voici le calendrier d'admission post-bac de 2010 :
Inscription, formulation et classement des vœux : du 20 janvier au 20 mars 2010 pour toutes les formations.
Date limite d'envoi des dossiers papier : 2 avril 2010.
Propositions d'admission et réponses des candidats : entre le 10 juin et le 15 juillet 2010.

Voici à présent des conseils pour tirer le meilleur de cette procédure et développer ses chances d'intégrer la meilleure « prépa » possible. Quoi qu'il arrive, il est important de s'imprégner parfaitement du « Guide du Candidat », un document officiel consultable sur www.admission-postbac.fr/, pour maîtriser parfaitement le fonctionnement administratif de la procédure ainsi que les dates.

Inscription et choix des vœux

Première étape : s'inscrire sur le site en spécifiant bien une adresse électronique souvent consultée, créée auprès d'un fournisseur fiable ! En effet, une partie conséquente des documents et des informations est envoyée par e-mail. Vous devrez par ailleurs être extrêmement réactif, au cas où il manquerait une pièce aux dossiers d'inscription.

Puis de janvier à mars, vient l'étape de formulation des vœux d'admission post-bac. On peut formuler au maximum trente-six demandes post-bac, mais seulement douze candidatures en classes préparatoires. Sur ces douze-là, on ne peut en présenter que six dans la même filière. « Prépa » économique et commerciale voie scientifique, et « prépa » économique et commerciale voie économique sont par exemple deux filières distinctes, au même titre que les différents types de « prépas » littéraires, ou de « prépas » scientifiques. Ainsi, on peut présenter six candidatures dans des « prépas » économiques et commerciales voie scientifique, et six candidatures dans des « prépas » littéraires B/L (hypokhâgne « lettres et sciences sociales ») ; en revanche, on ne peut plus présenter de « prépas » scientifiques.

Cependant, on peut dédoubler ses vœux en cas de demande d'internat. Ainsi, pour une même « prépa » disposant d'un internat, on peut présenter un dossier avec internat et un autre sans (soit jusqu'à vingt-quatre vœux en classes préparatoires par ce biais-là). Cela ne compte que pour un seul vœu. Cela dit, il est généralement plus difficile d'être admis avec internat qu'admis tout court, en raison du nombre réduit de places en internat.

Enfin, attention : une fois les choix validés, on ne peut pas revenir dessus ! Il faudra en effet imprimer une feuille faisant office de page de garde (la « fiche de candidature » ou « fiche de vœux ») pour chaque dossier sur papier. Or, une fois cette feuille imprimée, le choix de « prépa » devient définitif.

Classement des vœux

Ce classement reste provisoire. On dispose en effet jusqu'au dernier moment – quelques jours avant le premier tour d'admission – pour en modifier l'ordre ou intercaler des choix d'université ou d'autres types de classes préparatoires. Cela permet de favoriser une université « cotée » par rapport à une « prépa » dans un lycée dont les résultats ne semblent pas à la hauteur, une classe préparatoire scientifique ou littéraire dans tel lycée plutôt qu'une classe préparatoire HEC dans tel autre.

Le classement formulé n'influe pas sur la façon dont la candidature est classée par les établissements où l'on postule. En effet, ces derniers ne savent pas comment leur formation a été classée. En revanche, les comités d'admission ont tout intérêt à obtenir le meilleur classement possible par les candidats pour s'assurer que ces derniers intègrent bien leur établissement en cas d'acceptation. C'est pourquoi, lors des journées portes ouvertes dans les classes préparatoires, les professeurs ont parfois tendance à dire aux candidats de placer leur établissement en premier.

Envoi des dossiers

À l'issue du deuxième trimestre et de la validation définitive des vœux de candidature, vient l'étape du dossier papier. Ce document est présenté aux professeurs enseignant les matières liées à la classe préparatoire économique et commerciale (mathématiques, sciences économiques et sociales en ES, philosophie, français, langues vivantes) et au chef d'établissement avant d'être envoyé aux établissements choisis.

Les professeurs remplissent les parties les concernant. Les appréciations, à la différence de celles du bulletin, sont plus particulièrement axées sur la capacité de l'élève à suivre la voie pour laquelle il est candidat, le niveau de sa classe, etc. Puis le chef d'établissement remplit l'appréciation finale. Enfin, le secrétariat du lycée envoie les dossiers aux établissements. Pour l'internat, un dossier spécifique est à remplir, en plus du dossier de candidature en classe préparatoire. Attention : c'est à l'élève de l'envoyer avant la date limite.

Chaque dossier doit contenir la fiche de candidature (le principal élément examiné), les bulletins de première et des deux premiers trimestres de terminale, ainsi que le relevé de notes aux épreuves anticipées du bac. Ces dernières présentent un grand intérêt : les comités d'admission les consultent pour juger les capacités sur la base objective d'un examen national (le baccalauréat) par rapport à des résultats de lycée qui dépendent plus du niveau de la classe et de l'établissement.

Phases d'admission

L'admission se déroule ensuite en quatre phases, pendant lesquelles on peut consulter *via* www.admission-postbac.fr les propositions d'admission. Dans chaque établissement, le comité d'admission classe chaque dossier de candidature parmi l'ensemble des dossiers reçus (le classement du candidat peut donc varier selon l'établissement). À chaque phase d'admission, le candidat est susceptible de recevoir une seule et unique proposition d'acceptation. Il est alors « admis » dans cet établissement. Tous les vœux qu'il avait moins bien classés que celui où il est admis sont alors éliminés, libérant ainsi des places pour les autres candidats dans ces établissements.

Dans les vœux mieux classés, soit on est « non admis » – la voie d'admission classique est donc exclue – soit placé sur une « liste complémentaire » – l'admission est possible dans les phases suivantes si des places se libèrent.

La réponse à chaque phase doit être rendue en soixante-douze heures maximum, jusqu'à la fin de la quatrième phase ou avant celle-ci si l'on a répondu par un « oui » définitif. En effet, quatre choix de réponses sont possibles :

- **Oui définitif** : vous acceptez la proposition, même si vous êtes reçu dans les établissements que vous avez mieux classés. Ces candidatures sont annulées et libèrent des places pour les autres candidats.
- **Oui, mais** : vous acceptez la proposition, mais les choix mieux classés restent valides. Dans les faits, on peut faire cette réponse jusqu'à l'avant-dernière phase, si l'on pense pouvoir obtenir un établissement mieux classé dans sa liste de vœux. Mais attention : en cas de meilleure proposition dans les phases suivantes, ce vœu est annulé et libère la place pour les candidats moins bien classés dans cet établissement.
- **Non, mais** : vous refusez la proposition et libérez la place pour les candidats moins bien classés, mais maintenez votre candidature dans les établissements mieux classés. Cette réponse n'est pas très avantageuse, car on ne peut jamais être sûr d'obtenir de meilleurs résultats dans les phases d'admission suivantes.
- **Démission** : vous annulez votre candidature pour tous les vœux exprimés.

En pratique

Mathilde, à l'issue du premier tour, obtient les résultats d'admission suivants :
« Prépa » 1 : non admise. Son dossier n'a pas été jugé suffisamment bon par l'établissement.
« Prépa » 2 : liste complémentaire. Mathilde est classée, mais pas suffisamment bien pour se voir offrir une place.
« Prépa » 3 : liste complémentaire (idem « prépa » 2).
« Prépa » 4 : admise. Mathilde est en liste principale.
Université A : vœu éliminé
« Prépa » 5 : vœu éliminé
« Prépa » 6 : vœu éliminé
Les trois derniers vœux sont éliminés, car Mathilde a été admise à son quatrième vœu.
Si elle répond un **« oui » définitif**, elle intégrera la « prépa » 4, mais tous ses autres vœux, y compris les « prépas » 2 et 3, sont annulés.
Si elle répond **« oui, mais »**, elle conserve son admission dans la « prépa » 4, tout en tentant d'être admise dans les « prépas » 2 et

3 lors des phases d'admission suivantes. Ses vœux en « prépa » 4 et 3 seront éliminés si elle est finalement admise dans la « prépa » 2 au cours de la phase d'admission suivante. Si rien ne change, elle devra réitérer son « oui, mais » à chaque phase d'admission.
Si elle répond **« non, mais »**, son vœu en « prépa » 4 est éliminé, mais elle garde ses chances en « prépa » 2 et 3.
Autant dire que Mathilde a tout intérêt à jouer la sécurité en répondant « oui, mais ».

Au cas où tout cela vous semblerait toujours aussi nébuleux, vous trouverez des exemples dans le Guide du candidat sur www.admission-postbac.fr.

Notons que, contrairement à la croyance populaire, le système informatique a déjà « tourné » plusieurs fois dès la première session. Concrètement, lorsque l'on reçoit une offre d'admission pour l'un de ses vœux, le système informatique a pour cela déjà pris en compte les places libérées par des candidats admis dans des vœux mieux classés que l'établissement où l'on postule et qui y ont donc libéré des places. Par conséquent, après la première phase d'admission, les chances de voir d'autres vœux mieux classés se débloquer sont extrêmement réduites. Les places qui se libèrent après la première phase sont en fait celles que les réponses « Non, mais » et que la démission d'autres candidats entraînent. Autant dire que cela reste plutôt marginal.

Concernant la façon dont les classes préparatoires classent les dossiers de candidature, il est difficile de faire des généralités. Dans la plupart des établissements, un comité d'admission se réunit pour traiter chaque dossier au cas par cas. Parfois, dans les lycées ayant le plus de candidatures à traiter, un tri préalable est effectué pour écarter les dossiers pas suffisamment bons pour être classés et pour répartir les dossiers par groupes de niveau. Ces stocks de dossiers sont ensuite classés séparément par des professeurs différents.

Procédure d'admission complémentaire

L'inscription à la procédure complémentaire précède la dernière phase de roulement de la procédure classique. Cependant, pour respecter toutes les échéances, mieux vaut lire en amont le « Guide de la Procédure Complémentaire», consultable sur www.admission-postbac.fr. On peut généralement s'inscrire à cette procédure distincte entre la deuxième et la dernière phases de la procédure d'admission classique. Ce système permet de présenter sa candidature dans des établissements cherchant encore à remplir leurs effectifs, jusqu'aux premiers jours de septembre. Il s'agit donc en général d'établissements ayant des difficultés à remplir leurs classes, ce qui n'est pas forcément synonyme de mauvaise classe préparatoire. Attention : la réponse à chaque proposition doit être donnée en une semaine maximum jusqu'au 1er septembre. Après cette date butoir, il ne reste que vingt-quatre heures.

La procédure classique et la procédure complémentaire sont deux systèmes parallèles sans impact l'un sur l'autre. Cette option est donc envisageable même si l'on n'a pas suivi la procédure classique.

Le contenu des bulletins de notes doit être précisément renseigné sur www.admission-postbac.fr. Le cas échéant, les originaux des bulletins devront être envoyés à l'établissement où l'on est admis *via* cette procédure. Autre point essentiel : le proviseur du lycée doit être informé de la démarche, afin qu'il remplisse la case «appréciation du proviseur» sur le site www.admission-postbac.fr. Cette formalité est indispensable pour que la candidature soit prise en compte. Les professeurs n'ont rien de particulier à remplir; seul le contenu des bulletins entre en jeu. Il n'y a pas ici de «fiche de candidature», contrairement à la procédure classique.

En pratique

Quelles spécialités choisir en terminale? Si l'on projette de s'orienter en «prépa» commerciale, mieux vaut choisir stratégiquement ses spécialités en terminale.
En **terminale S**, la spécialité mathématiques est fortement conseillée. Aujourd'hui, elle reste considérée, parfois à tort, comme l'option choisie par les meilleurs. Ainsi, certains professeurs de classes préparatoires voient dans les options physique-chimie ou sciences de la vie un choix par défaut. Ils estiment peut-être que l'élève ne s'estime pas assez brillant pour choisir la spécialisation en mathématiques. Cela dit, le contenu de la spécialité en lui-même n'apporte pas forcément énormément de choses en vue de la classe préparatoire.

En **terminale ES**, la spécialisation en mathématiques est là aussi fortement conseillée. Les maths sont en effet au centre de l'enseignement en « prépa » ECE. Avoir suivi un enseignement approfondi dans cette matière constitue donc un réel « plus » et c'est le choix le plus logique pour un étudiant de terminale ES qui souhaite améliorer ses chances d'admission.

Sur quels critères les dossiers sont-ils jugés ?

L'importance des différents éléments constitutifs d'une candidature varie selon les professeurs qui examinent les différents dossiers. Les comités d'admission disposent parfois de peu de temps pour mener cet examen. Si tous ces éléments constitutifs sont importants et ont des chances d'être passés en revue, certains priment davantage. On a donc tout intérêt à essayer d'améliorer son dossier sur ces points-là, à condition de s'y prendre à l'avance.

- **Moyennes et appréciations en mathématiques** : le niveau du candidat dans cette matière est toujours attentivement examiné, que l'on ait déposé une candidature en voie économique (ECE) ou scientifique (ECS). Les professeurs savent pertinemment que c'est LA matière qui compte le plus au concours et présente le nombre le plus important d'heures de cours. Mieux vaut donc briller en mathématiques au lycée... Cependant, une appréciation valorisante sur la fiche de candidature qui indique un potentiel futur dans cette matière peut compenser une moyenne trop juste. En effet, un élève peut aussi se « révéler » dans cette matière pendant les deux années de classe préparatoire.
- **Point fort dans une autre matière** : briller dans une autre matière du concours (langues, philosophie, français, histoire-géographie, sciences économiques et sociales) constitue non seulement un atout pour sa candidature, mais peut aussi compenser un niveau moyen en mathématiques.
- **Niveau de son lycée d'origine** : les moyennes, le classement et même les appréciations n'ont pas la même valeur selon son lycée d'origine. L'étalon de comparaison diffère selon que le lycée enregistre 100 % de réussite au baccalauréat, ou seulement 70 %. Si l'on postule dans une « prépa » dans la même académie, les professeurs du comité d'admission connaissent souvent la valeur du lycée du candidat. Ils

pondèrent leur appréciation des résultats de ce dernier selon le niveau présumé de son lycée d'origine. Cependant, ceux qui évaluent un dossier ne se renseignent pas forcément sur le niveau de réussite au baccalauréat d'un lycée qu'ils ne connaissent pas… C'est pourquoi il est parfois intéressant de postuler dans la même académie que celle de son lycée.

- **Notes aux épreuves anticipées du baccalauréat** : ces notes constituent un bon point de comparaison, car elles permettent d'évaluer le potentiel du candidat à l'échelle d'un examen national, et pas seulement à celle de son lycée, dont le niveau général n'est pas forcément facile à mesurer. Le professeur constate ainsi ce que l'on vaut en situation d'examen, un contexte très similaire à celui du concours pour intégrer une ESC !
- **Appréciations** : elles tiennent une place centrale dans l'évaluation du dossier. En effet, plus que les notes, elles permettent d'évaluer le potentiel et le comportement du candidat par rapport à ses obligations scolaires. Ce sont là deux éléments clés pour aider les futurs professeurs de classes préparatoires à imaginer les candidats dans leur classe. Pendant cette période, beaucoup de lycéens se révèlent dans certaines matières et progressent énormément à force d'efforts. Un élève travailleur vaut mieux qu'un élève qui rechigne à repousser ses limites et se repose sur ses acquis : le second a évidemment plus de chances d'échouer en « prépa ». Par ailleurs, les professeurs de « prépa » ne font aucun cadeau à un candidat dont les professeurs de lycée reprochent l'absentéisme… En effet, en « prépa », on est majeur, donc libre de « sécher » allégrement sans que le proviseur appelle les parents pour une séance de remontrances. Croire que l'on peut réussir les concours sans suivre les cours et en travaillant seul est illusoire : les livres ne remplacent pas la connaissance du concours dont font montre les professeurs de « prépa ». Le contact avec les professeurs de lycée s'avère donc primordial pour valoriser sa candidature au moment de remplir les dossiers.

Concernant l'admission en classe préparatoire, retrouvez sur http://livre.prepa-hec.org/liens l'interview de Gilles Crespin, responsable des classes préparatoires HEC de l'institution des Chartreux (Lyon), réalisée en octobre 2007.

Des circonstances atténuantes

Parfois, des facteurs extérieurs à la scolarité jouent en défaveur du candidat. Décès d'un proche, maladie, problèmes familiaux peuvent avoir influencé ses résultats. Or, ses professeurs de lycée n'en sont pas forcément conscients et peuvent réduire ses chances d'intégrer une classe préparatoire en portant de mauvaises appréciations au dossier. Nous conseillons fortement avec d'évoquer ces problèmes avec les enseignants, surtout avec professeur principal. D'une part, ils font remonter l'information au proviseur, chargé de représenter le dossier de candidature dans les établissements visés ; d'autre part, ils sont susceptibles d'en tenir compte dans les appréciations apposées au dossier.

Par ailleurs, il est en principe admis de joindre au dossier papier une lettre de motivation expliquant les conditions de la scolarité et les raisons justifiant une chute des notes ou un comportement répréhensible. N'hésitez pas à solliciter les professeurs ou le proviseur pour être conseillé sur cette initiative, afin qu'elle ne passe pas inaperçue dans la masse des dossiers reçus...

Dans quelles « prépas » poser sa candidature ?

Abordons à présent la partie la plus épineuse du processus : sélectionner six vœux, c'est-à-dire choisir les six établissements où poser sa candidature, puis les classer. Le candidat doit commencer par se demander quel type de « prépa » lui convient le mieux, puis évaluer avec prudence mais ambition les établissements auxquels il peut prétendre.

« "Prépa" élitiste » : un mythe ?

Même s'il ne s'agit pas forcément d'une question pertinente, il semble utile d'évoquer brièvement ce sujet. Certains emploient souvent l'expression « "prépa" élitiste » pour évoquer les grandes « prépas » parisiennes (Louis-Le-Grand, Henri IV, Saint-Louis, Ginette, Grandchamp, entre autres) et de province (Saint-Jean, Le Parc, Pierre de Fermat), où le recrutement est jugé le plus sélectif et le rythme et la compétition les plus soutenus.

Les conditions de scolarité ne sont naturellement pas les mêmes dans une « prépa » à petits effectifs et aux résultats modestes, que dans des établissements plus prestigieux. Attention cependant à ne pas mythifier ces établissements… Certes, les professeurs contribuent à la réussite au concours de leurs étudiants, mais ce sont aussi les préparationnaires qui créent les résultats d'un établissement. Par ailleurs, il serait réducteur de penser que l'ambiance est moins bonne, qu'il y a plus de compétition entre les élèves et une atmosphère plus oppressante dans ces établissements. Rien ne laisse supposer que la scolarité se passe moins bien dans ces établissements !

Ceux dotés du potentiel et de la volonté d'intégrer les meilleures « prépas » ne doivent pas se priver de viser au plus haut. Cependant, si l'enseignement s'y rapproche potentiellement davantage de ce qui est demandé aux concours les plus sélectifs et que l'on se sent plus stimulé par le niveau de compétition, mieux vaut parfois être premier dans une classe de niveau moyen que dernier dans une classe de futurs intégrés à HEC ! La « prépa » n'est pas seulement affaire de travail et d'efforts, mais aussi de confiance en soi… La réussite en classe préparatoire, c'est d'abord apprendre à croire en ses propres capacités à se dépasser.

Les portes ouvertes

Il est crucial d'aller aux portes ouvertes des lycées sélectionnés afin de voir si l'on s'y sent à l'aise. Il s'agit non seulement de visiter le lieu en lui-même, mais aussi de découvrir l'ambiance de travail des deux années à venir. C'est aussi l'occasion de nouer un contact avec les professeurs. La plupart du temps, ils refuseront de donner un avis tranché sur un dossier, mais ils seront parfois prêts à y jeter un œil et donner des indices sur les chances éventuelles de réussite.

Pour connaître la liste des établissements ouvrant leurs portes aux futurs préparationnaires, rendez-vous sur www.prepa-hec.org/prepa/portes-ouvertes.

Formuler ses vœux selon le niveau des établissements

Critère de base

Le premier critère sur lequel baser son choix est naturellement le niveau des « prépas », c'est-à-dire leur pourcentage d'intégration dans les meilleures écoles. Ce type de classement doit être relativisé en fonction de ce que l'on entend par « meilleure école ». La presse publie ainsi les pourcentages d'admission aux « six Parisiennes », comme elles sont parfois nommées : HEC, ESSEC, ESCP, EM Lyon, EDHEC et Audencia.

Pour en savoir plus sur les classements des écoles, consultez www.prepa-hec.org/classement.

En pratique

Il ne faut surtout pas hésiter à solliciter l'avis de ses professeurs. Ils sont bien souvent d'excellent conseil pour aiguiller vers les « prépas » susceptibles de correspondre le plus à l'élève en termes de niveau et de rythme de travail. Bien souvent, ils connaissent le niveau des établissements de l'académie et parfois même des collègues y enseignant. Ils sont donc à même de connaître les attentes des comités d'admission. Par ailleurs, il est intéressant que les professeurs sachent quelles classes préparatoires l'élève vise avant de remplir les dossiers. Ils sont ainsi plus susceptibles de le valoriser dans leurs appréciations pour un dossier destiné à un établissement qu'ils ont eux-mêmes conseillé. De même, le chef d'établissement peut être d'un précieux concours. Bien souvent, il lui tient à cœur de veiller à ce que les meilleurs éléments poursuivent leurs études au mieux.

Les classements encore plus sélectifs ne prennent en compte que les trois écoles vraiment situées en région parisienne : HEC, ESSEC et ESCP. De même, certains classements prennent en compte l'admission dans les quinze meilleures écoles, c'est-à-dire les six citées plus haut, auxquelles s'ajoutent les écoles du groupe ÉCRICOME[4], ainsi que l'ESC Grenoble, l'ESC Toulouse, l'ESC Lille et le CERAM. Ces deux dernières ont fusionné en 2009, devenant SKEMA Business School.

4. ÉCRICOME est une banque d'épreuves communes qui réunit six écoles de commerce (Bordeaux EM, Reims MS, Rouen BS, ESCEM Tours-Poitiers, Euromed Marseille, ICN Nancy).

La relativité des classements

Le classement peut être sensiblement bouleversé selon que les «prépas» sont classées par l'un de ces groupes d'écoles ou par un autre. En effet, une «prépa» qui place la majorité de ses étudiants dans les trois meilleures écoles aura un score d'intégration très faible dans les quinze meilleures par rapport à d'autres «prépas» plus modestes. Pour une raison simple : peu de ses étudiants présentent autant d'écoles s'ils ont de bonnes chances d'intégrer le «top 3». De même les écoles plaçant un important pourcentage d'étudiants dans les quinze «meilleures écoles» ne voient peut-être aucune de leurs recrues intégrer le «top 3». Sachez enfin que ces statistiques sont très relatives, certaines «prépas» n'hésitant pas à inciter fortement leurs plus faibles élèves à trouver un autre établissement pour suivre la seconde année, en cas de résultats insuffisants en première année. Les statistiques s'en trouvent ainsi artificiellement améliorées.

Pour vous aider à choisir, nous avons réalisé notre propre classement des «prépas» (p. 161), en six groupes pour les classes préparatoires ECE et ECS et quatre groupes pour les classes préparatoires ECT. Si les classements publiés dans les journaux aident à affiner son choix, ils évoluent rapidement et ne permettent pas forcément d'évaluer pleinement la sélectivité de l'établissement visé. Certains établissements pratiquent un recrutement plus sélectif que leurs résultats ne le laisseraient supposer, parce que leur réputation repose sur la qualité de leurs professeurs et sur leur prestige «de long terme», mais surtout parce que ce sont parfois les seuls bons lycées du secteur.

Nous avons employé les statistiques d'admission des «prépas» aux meilleures écoles mais aussi plus modestes – comme les membres du groupe ÉCRICOME –, sur les cinq dernières années. Puis nous avons étudié les admissions des lycéens ayant posté leur dossier sur www.prepa-hec.org pour jauger le niveau de sélectivité. Nous avons tenu compte du fait que certaines «prépas» privées hors contrat sont bien connues pour «arranger» quelque peu leurs résultats en faisant passer des élèves dans des classes de niveau aux appellations différentes (et donc un classement différent) à l'entrée en seconde année. Par conséquent, nous avons pondéré leur classement, mais aussi tenu compte du fait que certaines ont des promotions ultra-réduites, ce qui limite la portée et la signification de l'admission d'un bon pourcentage d'élèves dans les meilleures d'entre elles. Vous trouverez ce classement en fin d'ouvrage, en annexe (voir page 161).

Prudence

Dans les faits, le différentiel de niveau de recrutement entre les « prépas » des groupes 5 et 6 est moindre que celui qui existe entre groupes 1 et 2. Tous ces groupes donnent avant tout des repères pour aider à formuler ses six vœux. Si l'on souhaite réellement intégrer une « prépa », le maître mot est « prudence ». Même un candidat excellent doté d'un dossier brillant doit éviter de formuler ses six vœux parmi les « prépas » classées en groupe 1. Il court en effet le risque énorme de n'être finalement admis nulle part !

C'est pourquoi, mieux vaut répartir ses candidatures sur trois groupes de niveaux différents, au minimum. Un élève peut par exemple poser sa candidature dans trois « prépas » de groupe 1, deux de groupe 2 et une de groupe 3, qui fera office de « parachute » au cas où il aurait surévalué ses chances. Pour un bon dossier comportant cependant quelques défauts, on peut choisir une « prépa » de groupe 1 pour tenter sa chance, deux de groupe 2, deux de groupe 3 et une de groupe 4.

Dans l'ensemble, moins l'on est sûr de la qualité de son dossier, plus il faut répartir ses choix sur un plus grand nombre de groupes. Il ne s'agit pas de renoncer à poser sa candidature dans une classe préparatoire « coup de cœur », mais semblant hors de portée, à condition de garder deux choix de secours dans les groupes 3, 4, 5 ou 6. Là aussi, l'avis des professeurs s'avère précieux.

Le classement des classes préparatoires ECT

Très peu d'informations existent sur les résultats des « prépas » technologiques. Une bonne partie des lycées ne publie pas ses résultats sur Internet et aucun classement n'a jamais été publié dans ce domaine. Le niveau de ces « prépas » est globalement homogène, la plupart intégrant au mieux leur tête de classe dans des écoles du groupe ÉCRICOME. Les meilleures se comptent sur les doigts d'une main et intègrent une poignée d'élèves (environ cinq dans les meilleures « prépas ») à HEC, l'ESSEC, l'ESCP, l'EM Lyon, l'EDHEC, ou Audencia.

Si notre classement (voir l'annexe en fin d'ouvrage, page 161) donne une idée de la hiérarchie des « prépas » ECT, le nombre plus réduit de groupes de niveau traduit l'homogénéité de leurs résultats par rapport à ceux des « prépas » ECE ou ECS. Par ailleurs, ne prenez pas ce classement pour parole d'évangile, car les résultats varient énormément d'une année à l'autre dès que l'on s'éloigne des meilleurs établissements. Les classes préparatoires ECT sont d'autant plus difficiles à évaluer que les promotions sont généralement relativement réduites.

ECS ou ECE ?

La réponse pourrait sembler évidente : le titulaire d'un baccalauréat ES ira logiquement en « prépa » ECE, tandis que son camarade doté d'un baccalauréat S visera une classe préparatoire ECS. Cependant, des bacheliers de la section scientifique vont régulièrement en « prépa » ECE. L'intérêt est avéré pour les lycéens de S un peu trop justes en mathématiques. Cela présente cependant un risque non négligeable, puisque les scientifiques n'ont généralement aucune base en économie. De plus, leurs connaissances se limitent à ce qu'ils ont pu apprendre en option SES de seconde, autre matière principale en ECE... Leur avance en mathématiques devra donc les aider à rattraper très rapidement leur retard en « analyse économique et historique des sociétés contemporaines » (AEHSC).

Attention : il est très fortement déconseillé de présenter des vœux en ECE – signifiant le sacrifice éventuel d'une candidature en ECS – sans avoir préalablement contacté l'établissement visé pour qu'il confirme que cela est bien autorisé. Si ce n'est pas le cas, le risque est grand de voir son dossier rejeté sans même avoir été examiné, en raison de l'origine scientifique du candidat.

Le trajet inverse, c'est-à-dire du baccalauréat ES à la « prépa » ECS, ne s'est jamais vu à notre connaissance. Il est plutôt déconseillé : en ECS, les mathématiques présentent un coefficient écrasant. Mieux vaut avoir suivi la filière adéquate pour réussir dans cette matière au concours.

Internat ou « prépa » de proximité ?

Suivre sa scolarité en vivant en internat n'est pas forcément un choix. Il s'impose parfois quand on ne peut pas rejoindre tous les soirs le domicile parental. Cela dit, il est toujours possible de vivre seul, mais cela ne facilite pas forcément la tâche. Au sein d'un internat, on est nourri et débarrassé des petits tracas de la vie de tous les jours, comme faire les courses. C'est lors de la formulation des six vœux que la question se pose : opter pour une « prépa » de « proximité », permettant de ne pas changer d'environnement, ou une « prépa » plus prestigieuse, située dans un lieu sans attaches.

Dans le premier cas, le mode de vie de l'étudiant change peu *a priori*. S'il vit chez ses parents, il pourra bénéficier de leur soutien. Or, un bon moral n'est pas négligeable pendant les années de classe préparatoire. Par ailleurs, cette situation confortable offre plus de temps pour travailler et être moins occupé par les tâches ménagères.

La seconde solution signifie l'immersion quasitotale. On travaille, mange, dort, en somme vit avec ses collègues préparationnaires toute la semaine. Outre un environnement extrêmement stimulant, il offre une ambiance de travail et de camaraderie. Personne ne pourra mieux vous comprendre que des élèves vivant exactement les mêmes épreuves ! Par ailleurs, la possibilité de travailler en commun représente un vrai « plus » : il y a toujours quelqu'un pour expliquer une démonstration de mathématiques restée obscure.

Un autre point en faveur de l'internat : la distance entre le domicile et l'établissement. Un trajet trop long mord sur le temps de travail et les transports ne sont pas le meilleur endroit pour rédiger ses fiches de révision.

Enfin, si l'établissement visé ne dispose pas forcément d'un internat, il existe dans certaines grandes villes d'autres foyers à proximité du lycée. Ils sont nombreux à Paris. Les places étant rares, mieux vaut s'inscrire dès que l'on est certain d'intégrer l'établissement le plus proche. Ce type de foyer ne correspond pas forcément à l'internat classique et les autres internes font souvent d'autres études. Ils ne travaillent donc pas tous à un rythme aussi soutenu qu'en classe préparatoire.

Avant de vous décider, lisez bien le dernier point du chapitre 3.

Consultez la liste des « prépas » proposant un internat sur www.prepa-hec.org/prepa/prepa-internat.

Les langues rares

Il peut être intéressant pour ceux pratiquant une langue dite « rare » (autre que l'allemand, l'anglais ou l'espagnol) en troisième idiome et la maîtrisant parfaitement de la passer en première ou seconde langue aux concours. En effet, un bilingue a toutes les chances d'obtenir une note très valorisante en fournissant un effort minimum pendant la « prépa », puisque le travail à fournir sera beaucoup moins conséquent que pour les autres matières.

Cela dit, il importe de s'assurer que l'on est réellement capable de réussir « académiquement » dans cette matière : il faut non seulement être bilingue, mais aussi maîtriser les subtilités grammaticales et de traduction demandées au concours. Ce peut même être un atout pour sa candidature en classe préparatoire : les comités d'admission sont conscients que les élèves bilingues ont de très grandes chances d'obtenir un maximum de points à l'épreuve de langue vivante du concours.

Attention : toutes les « prépas » ne proposent pas de cours de langues rares ! Le système de cours de langue inter-établissement (LIE) permet cependant de suivre ces cours dans un autre établissement. Mais cela induit le risque d'un long trajet au milieu de la semaine de travail. Dans ce cas, il est fortement conseillé de s'informer auprès du secrétariat du lycée où l'on postule sur les déplacements nécessaires pour suivre les cours de langues rares. Ceci mérite donc mûre réflexion.

Retrouvez sur http://livre.prepa-hec.org/liens une liste non exhaustive de lycées proposant directement des cours de langues rares dans leurs locaux. Cette liste pouvant considérablement évoluer d'une année à l'autre, vérifiez bien auprès des secrétariats des lycées concernés et sur le site www.admission-postbac.fr.

Si vous n'êtes pas admis en « prépa »...

Si, à l'issue des deux premiers tours du système d'admission post-bac, on n'est pas admis dans l'un des établissements choisis, il est temps de s'inquiéter ! En effet, les chances d'être finalement admis dans l'un de ses six choix deviennent alors limitées, même si l'on figure sur une liste d'attente dans certains.

Première solution : passer par la procédure complémentaire (voir plus haut). Cela présente l'avantage d'identifier immédiatement les « prépas » qui cherchent à « remplir » et pouvant être intéressées.

Outre cette procédure d'admission complémentaire « classique », les classes préparatoires peuvent s'arranger directement avec les candidats qui les intéressent. Il est ainsi déjà arrivé que des élèves soient repêchés par courrier, après avoir été rejetés *via* la procédure d'admission normale. Par ailleurs, il est toujours possible de solliciter des rendez-vous avec les proviseurs des lycées ciblés pour plaider sa cause en juillet ou tout début septembre. Si c'est inutile auprès de lycées qui ont clairement refusé un candidat, cela peut se justifier là où l'on figure sur une liste d'attente. Des circonstances atténuantes justifiant certains défauts du dossier constituent un argument pour solliciter un entretien avec le chef d'établissement. Si l'on est convaincant, il pourra intercéder auprès du comité d'admission pour lui demander d'accepter ce candidat dans la classe. Si le proviseur n'a pas de temps pour répondre à cette requête, il est possible de contacter l'un des professeurs responsables de l'admission.

Si l'on entretient un bon contact avec son proviseur, il est souvent judicieux de solliciter son conseil. Il peut apporter son aide *via* ses contacts dans les autres établissements. Il a tout intérêt à agir ainsi, car le placement de ses lycéens importe beaucoup pour la réputation de son établissement.

Enfin, le début de l'année scolaire est propice pour tenter de rejoindre une « prépa » si rien d'autre n'a marché. En effet, on enregistre toujours des démissions à cette période (élèves découragés ou choisissant finalement l'université au dernier moment). Cela étant, il faut toujours chercher une solution de repli si ces démarches échouent, en s'inscrivant à l'université par exemple.

De l'admission à la rentrée

Vous voilà admis en classe préparatoire ! Mais comme nous l'évoquions précédemment, quel que soit votre niveau, tout reste à faire. La « prépa » n'est qu'un moyen de déployer son potentiel. La clé du succès passe par la volonté et les efforts déployés, non les résultats passés de votre classe préparatoire. Il est temps de penser à son avenir en « prépa » : les choses sérieuses vont commencer dans quelques mois.

Accueil des futurs préparationnaires

Dans un certain nombre de « prépas », une réunion d'information est organisée pendant l'été. *A priori* un courrier ou un e-mail convie les futurs préparationnaires à ce type de réunion qui se tient après les derniers tours d'admissions, quand les établissements disposent de la liste définitive des lycéens admis en première année.

Cette réunion offre l'occasion de rencontrer ses futurs collègues et parfois les professeurs. Surtout, on y apprend ce qu'il est conseillé de travailler d'ici la rentrée. Parfois, les professeurs prévoient une liste de livres, de documents et de révisions à mener pour se préparer. On sait ainsi à quoi s'attendre et comment combler ses lacunes.

Si l'on rate cette réunion – prévoyez vos vacances en conséquence ! –, il est toujours possible de contacter le lycée pour se procurer les informations en question. Autre possibilité : compter sur la solidarité de ses futurs collègues en postant sa demande sur le forum de www.prepa-hec.org, section « Les prépas ».

Ce qui vous attend

Les emplois du temps varient souvent d'un établissement à l'autre, particulièrement dans le privé. Ils se décomposent en général en cours en classe entière, et en « colles » (lire le chapitre suivant). Les épreuves communes aux trois voies (scientifique, économique et technologique) sont la dissertation de culture générale, le résumé et la contraction de textes, enfin les deux langues vivantes. Les autres épreuves restent spécifiques à chaque voie.

Retrouvez sur http://livre.prepa-hec.org/liens les volumes horaires indicatifs des matières pour chaque type de classe préparatoire.

À retenir

Ce chapitre visait à présenter la procédure d'admission et son fonctionnement ainsi qu'à fournir des conseils afin de composer au mieux sa liste de vœux. Il s'agit d'optimiser ses chances d'obtenir l'établissement qui permettra de s'épanouir au mieux tout en obtenant les meilleurs résultats possibles.

L'admission en classe préparatoire se prépare en amont. Il faut avoir un dossier solide dès la classe de première, avec de préférence de bons résultats en mathématiques, une ou plusieurs matières « points forts », de bons résultats aux épreuves anticipées du baccalauréat, enfin des appréciations valorisant son potentiel. Une fois que l'on a mis toutes les chances de son côté, sonne l'heure de choisir les établissements où présenter sa candidature.

Deux critères sont primordiaux pour établir ses vœux d'admission. Tout d'abord, le niveau des classes préparatoires dans lesquelles on présente sa candidature : il est important de ne pas trop surestimer ni sous-estimer la valeur de son dossier et de bien répartir ses six choix de façon hétérogène, en choisissant des établissements de niveaux variés. Il est vital d'avoir au moins un ou deux choix « sûrs », c'est-à-dire où l'on est certain d'être admis. Par ailleurs, le critère géographique : rester dans un environnement familier et ne pas avoir à loger en internat constitue un avantage non négligeable. De manière générale, il faut faire un arbitrage : si l'on vise les meilleures « prépas », il faut parfois sélectionner les établissements en faisant abstraction de sa situation géographique et souvent donc en choisissant de s'éloigner de son lieu d'origine, parfois d'opter pour l'internat.

Si malgré cela on se retrouve sans « prépa », la procédure d'admission complémentaire et les démarches individuelles auprès des lycées visés peuvent encore sauver la mise au candidat. Surtout, il ne faut jamais être déçu de la « prépa » finalement intégrée ! Ce n'est pas parce qu'elle a moins d'intégrés dans l'école de ses rêves que l'on ne s'y plaira pas ni ne sera capable de très bien réussir les concours. Ce sont en partie les élèves qui font leur « prépa ». Il ne tient donc qu'à vous d'être le premier admis par exemple à HEC depuis l'ouverture de votre « prépa » !

Enfin, si finalement on n'intègre pas de « prépa », les admissions parallèles permettent de passer d'autres concours pour rattraper ses collègues préparationnaires.

Chapitre 3

Se préparer à la « prépa »

Que faut-il savoir avant d'entrer en « prépa » ? Quelles sont les qualités d'un bon étudiant ? Que faut-il réviser ? Que faut-il acheter avant et à la rentrée ? Faut-il changer de rythme de vie et de travail ? Chaque année, beaucoup de candidats aux classes préparatoires s'interrogent sur ces questions et sur la meilleure méthode pour aborder ces deux ans d'études intensives. Ce chapitre propose quelques conseils et astuces simples pour aborder sereinement cette période.

Pendant la terminale

Anticiper et travailler en prévision de la classe préparatoire peut être recommandé, surtout si l'on dispose encore de temps libre en terminale. Toutefois, les marges de manœuvre restent très limitées, l'objectif principal et prioritaire de cette classe restant la préparation du baccalauréat. Par ailleurs, travailler en autodidacte dans la perspective des concours aux grandes écoles s'avère très difficile. Cela suppose en effet de bien comprendre les objectifs de la classe préparatoire et surtout de bien connaître les exigences et les exercices des concours. Or, il s'agit là avant tout du rôle des professeurs de « prépa ». Voici cependant quelques conseils simples à appliquer pendant la terminale.

Faire une bonne terminale

C'est probablement le conseil le plus naturel et le plus évident, mais aussi le plus efficace. À court terme, travailler toutes les matières du baccalauréat et les matières utiles pour le dossier d'admission en «prépa» ne peut qu'être bénéfique pour sécuriser sa candidature et éviter d'aborder la rentrée avec des lacunes. Un effort particulier en mathématiques est conseillé aux candidats qui se destinent aux classes préparatoires scientifiques, économiques et commerciales, ainsi qu'aux classes préparatoires B/L.

La dissertation

Perfectionner sa technique de dissertation peut se révéler utile, car l'une des difficultés majeures des étudiants en première année de classe préparatoire littéraire ou économique et commerciale est de réussir à formuler un plan et une problématique clairs, et de terminer une dissertation dans le temps imparti.

La lecture et les langues

Voici deux bonnes habitudes à prendre dans la perspective de ses études supérieures en général : d'une part, lire aussi bien des essais, des romans que simplement l'actualité du jour; d'autre part, suivre l'actualité économique et internationale, que ce soit en français ou en langue étrangère. Si vous avez l'occasion de pratiquer une ou plusieurs langue(s) à l'oral, notamment sur des thèmes économiques et sociaux, profitez-en.

Pendant l'été

Devoirs de vacances : que réviser et comment travailler ses lectures ?

Comme mentionné dans le chapitre précédent, les étudiants reçoivent, au début de l'été, avec leur dossier d'inscription ou peu après leur inscription, une liste de devoirs de vacances précisant toutes les révisions nécessaires et une liste de lectures d'été. Il ne s'agit là que de conseils de lecture. Pas question donc de tout lire, ni de tout faire, car les vacances d'été doivent avant tout être consacrées au repos. Néanmoins, les vacances peuvent être mises à profit pour améliorer ses lacunes, notamment en langues et en culture générale (d'où ces listes). Concernant le «*timing*» des révisions, il est en général recommandé de réserver ses deux dernières semaines de vacances à une révision plus intensive.

Certains étudiants s'interrogent également sur la nécessité de résumer les lectures de vacances sous forme de fiche. Tout dépend de la façon dont ces lectures seront utilisées par la suite et des capacités de mémorisation de l'étudiant. En général, et sauf mention contraire, la plupart des établissements ne pratiquent pas de tests sur ces lectures d'été à la rentrée. Toutefois, il peut effectivement être utile de «ficher» ses lectures.

Si toutes les formes sont envisageables (bristol, feuille A4, saisie informatique), les meilleures fiches sont probablement celles qui se mémorisent facilement et se consultent rapidement en temps voulu. Là encore, tout dépend de la méthode de travail de chacun. Une fiche n'est pas forcément le résumé linéaire d'un ouvrage; et en fonction du type de livre (manuel, essai, roman), elle peut n'en comporter que le plan, les principales idées et/ou quelques citations.

Retrouvez les conseils de lecture des classes préparatoires du lycée Henri IV sur http://lyc-henri4.scola.ac-paris.fr/prepas/conseilslecture/

Les achats de pré-rentrée

Sauf mention contraire dans les conseils de lectures pour l'été, il n'y a en général pas d'achats importants à faire, notamment en termes de manuels. Certains anciens préparationnaires recommandent toutefois d'en acheter le plus tôt possible, surtout en mathématiques. Par exemple, *Méthodes, Savoir-faire et Astuces*[5] et *Les Plus Grands Classiques des Concours*[6] sont considérés comme des «bibles» par les étudiants.

5. Sarfati S., Fegyvères, M., Bréal, 2000.
6. Sarfati S., Muller, H., Bréal, 2000.

Toutefois, hormis ces deux exceptions, il n'est pas forcément nécessaire de remplir sa bibliothèque de manuels avant le début des cours. D'une part, il n'est pas forcément judicieux d'acheter des manuels simplement « au cas où », sans connaître ses propres besoins. D'autre part, il vaut mieux attendre la rentrée et la foire aux livres d'occasion organisée dans chaque « prépa » (lire le chapitre 4). Cette solution s'avère bien plus économique et intéressante, car les étudiants de seconde année savent en général conseiller différents ouvrages, en fonction de la façon de travailler et des points faibles de chacun à des prix en général plus faibles qu'en librairie ou sur Internet. Enfin, si l'achat d'une calculatrice est indispensable pour les prépas scientifiques, ce n'est pas utile en « prépa » HEC ou littéraire.

Les stages de pré-rentrée

Une question fréquente concerne la nécessité de faire des stages de pré-rentrée. À vrai dire, il n'existe pas de réponse standard. Tout dépend des besoins de l'étudiant, de sa façon de travailler, de ses lacunes éventuelles et de ses moyens. Ces stages permettent avant tout d'éviter de réviser seul et peuvent constituer un bon moyen de se décomplexer à l'approche de la rentrée. Cependant, ils ne permettent en aucun cas de prendre de l'avance sur le programme de classe préparatoire. Notez enfin qu'il existe quelques manuels pour réviser utilement, notamment en mathématiques.

La rentrée et les premiers mois en « prépa »

Après la longue attente des résultats du baccalauréat et d'admission en « prépa » et une fois passés l'été et les devoirs de vacances, voici enfin le jour J : celui de la rentrée. À quoi s'attendre ce jour-là et durant les premiers mois ?

La rentrée : un « remake » du collège et du lycée

Les premiers jours en classe préparatoire permettent avant tout aux étudiants de se familiariser avec un nouvel environnement de travail. Les professeurs présentent chacun à leur tour leur matière, les programmes, les exercices et les exigences inhérentes aux concours. Pour certains étudiants, le changement peut être un peu radical, car il marque le début de la vie hors du foyer familial, que ce soit à l'internat ou dans une chambre d'étudiant. Et hormis la découverte des « colles », qui ne représentent en fait qu'une heure (par mois ou par quinzaine dans chaque matière) d'interrogation orale, la rentrée ressemble beaucoup à celle de la sixième ou de la seconde. Tout au plus regrette-t-on la disparition des réunions parents-professeurs.

Le bizutage et l'intégration : mythes et réalités

Interdites par la loi du 17 juin 1998, les pratiques de bizutage sont en forte régression, même si elles défrayent encore parfois la chronique. Toutefois, dans un certain nombre d'établissements, le terme de bizutage est resté pour désigner une après-midi festive et bon enfant, qui permet aux nouveaux étudiants de rencontrer leurs collègues de seconde année et de se voir attribuer un référent, baptisé parrain ou marraine parmi ces derniers. Le rôle de ce parrain/marraine consiste simplement à guider et à conseiller les nouveaux étudiants, notamment durant les premiers mois. Rendez-vous dans le chapitre 4 pour en savoir plus.

La phase d'adaptation du premier semestre

Passé cette phase de présentation, le rythme des cours et des devoirs augmente progressivement tout au long du premier semestre. Cette phase d'adaptation permet aux étudiants de comprendre les objectifs de la « prépa » et d'acquérir progressivement et en douceur les bonnes méthodes de travail.

Comprendre les objectifs de la « prépa »

Comme tout cursus post-bac, la rentrée en classe « prépa » est une étape importante, qui marque la fin des études obligatoires et l'entrée dans l'enseignement supérieur. C'est aussi une étape redoutée, comme en témoignent certains : « *Préparez-vous à avoir des mauvaises notes* » ; « *La "prépa" c'est le bagne, les profs sont cassants* » ; « *Tu ne vas jamais tenir le coup, le rythme est trop rapide, il y a trop de pression, les gens se tirent dans les pattes* », sans compter les rumeurs sur l'« *esprit de concours et la mauvaise ambiance* » de telle ou telle « prépa ».

La plupart de ces rumeurs ne sont pas forcément justifiées et ne permettent pas vraiment de comprendre le fonctionnement des classes préparatoires. En effet, depuis les années 1990, les classes préparatoires ont beaucoup changé (notamment leur processus de recrutement) pour se démocratiser et s'ouvrir à de nouveaux publics.

Cependant, contrairement à la plupart des cursus post-bac, l'objectif de la « prépa » n'est pas simplement de délivrer une formation et de préparer des examens, mais surtout de former aux concours des grandes écoles. Ceux-ci se composent d'une série d'épreuves écrites et orales, permettant de classer des candidats et de ne retenir que les meilleurs, à l'image de la compétition sportive.

Cette spécificité fondamentale explique aussi bien l'organisation, la pédagogie que les exigences des professeurs des classes préparatoires. Ainsi, tout au long du cursus, les élèves ne sont pas seulement évalués sur les connaissances acquises, mais aussi en fonction des exigences attendues aux concours. En effet, le jour J, il ne s'agit pas seulement d'aborder le concours dans les meilleures conditions possibles, mais également d'obtenir le meilleur classement possible à son issue.

Le droit à l'erreur

Cette organisation et ce qu'elle implique en termes de méthodes de travail peut dérouter des étudiants nouvellement admis. Certains s'inquiéteront de voir leurs notes baisser par rapport à celles de terminale et douteront sur leurs capacités à « tenir » jusqu'au jour du concours. Ce phénomène s'explique parfaitement dans la mesure où, comme nous l'avons vu, l'objectif premier des classes préparatoires est de préparer les concours des grandes écoles.

Ainsi, dès les premiers devoirs, les étudiants sont notés en fonction des critères les plus proches de ceux du concours. Bien que déstabilisante au début, cette méthode ne vise pas à démoraliser les étudiants, mais à les mettre en phase dès le départ avec leur objectif final en leur permettant de mesurer dès le départ (et tout au long du cursus) l'écart entre leur niveau actuel et celui attendu au concours. D'une certaine façon, c'est comme si l'on voulait faire marcher un nouveau-né ! Or, un bébé ne tient jamais sur ses deux jambes avant de nombreux mois ; il risque de chuter souvent avant de faire son premier pas. Pour autant, ce n'est pas un objectif auxquels ses parents renoncent.

Un étudiant qui a des notes faibles en début de classe préparatoire n'est donc pas forcément un mauvais élément. Simplement, il n'a pas encore atteint le niveau du concours et ces notes signifient surtout le degré d'effort restant à fournir dans un futur proche. Pour autant, il ne faut pas baisser les bras, mais essayer au contraire d'apprendre de ses erreurs pour aller plus loin et s'inscrire dans une logique de long terme. C'est là l'une des méthodes pour réussir en classe préparatoire : comprendre et repérer ses points faibles et travailler en fonction de ceux-ci pour progresser. Le droit à l'erreur est donc permis en classe « prépa », pourvu que l'on rebondisse. De même, l'importance des notes doit être relativisée, car l'échelle des notes est employée de façon radicalement différente par rapport au lycée.

Consulter les rapports de concours et les annales s'avère également un moyen alternatif pour comprendre les objectifs de la classe préparatoire. Ils sont en général disponibles en ligne sur les sites des écoles, ou dans les centres de documentation des établissements scolaires. Ces documents regroupent de nombreux conseils et commentaires des correcteurs sur les attentes des jurys au concours. Il n'est pas forcément nécessaire de lire ces documents dès le début de la première année, mais plutôt en cours d'année, notamment dans les matières où l'étudiant se sent en difficulté ou s'il souhaite améliorer ses méthodes de travail. Ils permettent également de comprendre les pratiques de notation du concours et de l'utilisation de l'échelle des notes.

Trouver des méthodes de travail efficaces

Le rythme de travail

Comme évoqué précédemment, un nombre important de changements rythme les premiers mois en « prépa ». Outre la préparation des « colles », le travail personnel change profondément de nature. Il ne s'agit plus simplement de faire des exercices ou de rendre des devoirs, mais de travailler intensément sur ses lectures personnelles pour enrichir et maîtriser les thèmes et les notions abordées en cours et de s'informer sur l'actualité économique et géopolitique aussi bien en français, qu'en langue étrangère.

Le rythme de vie d'un préparationnaire est donc intense, mais dans la limite du raisonnable. Préparer les concours ne signifie pas bachoter en continu pendant deux ans, sept jours sur sept, vacances et jours de fêtes compris. Ce rythme serait tout simplement impossible à tenir sur la durée. Il faut au contraire envisager la « prépa » comme une course de fond avec un nombre raisonnable de pauses et de périodes de détente.

Travailler beaucoup en « prépa » tout en continuant à faire un peu de sport ou une activité artistique, ou à sortir une fois dans la semaine est donc tout à fait possible. Mais cela demande de l'organisation et de bien planifier ses périodes de travail (lire à ce propos le chapitre 6). Il peut également être judicieux de planifier les pauses et les moments de détente quand on est le moins efficace (par exemple en fin d'après-midi ou le vendredi soir). Cela implique également de connaître ou de trouver son propre rythme de travail.

Être un étudiant efficace

Outre la bonne connaissance et la maîtrise de son rythme de travail, un certain nombre d'outils et de techniques optimisent l'apprentissage et le travail de mémorisation.

La prise de notes

Bien plus que la transcription d'un cours, une bonne prise de notes doit refléter la structure d'un cours ou d'un raisonnement, ainsi que ses principaux arguments. De même, un étudiant doit retrouver rapidement tous ces éléments lorsqu'il reprend ses notes, le soir même, voire plusieurs mois après, pour préparer un devoir ou durant les révisions du concours. Il ne faut donc pas hésiter à aérer ses notes, en sautant des lignes ou en laissant une marge à droite et faire le tri des différents éléments en jouant sur les couleurs, la typographie, en utilisant des surligneurs, voire des schémas. Une bonne prise de notes permet en effet une bonne mémorisation.

Pour en savoir plus, visionnez « La prise de notes et son exploitation », cours de Régine Acquier, sur le site de Canal U, la vidéothèque de l'enseignement supérieur : www.canalu.tv/producteurs/les_amphis_de_france_5/dossier_programmes/sciences_de_l_education/des_methodes_pour_apprendre/la_prise_de_notes_et_son_exploitation.

La lecture et les fiches

Être un bon lecteur est essentiel en classe préparatoire, car les lectures représentent une bonne part du travail personnel et les étudiants ont parfois l'impression d'être débordés et de manquer de temps. Pour autant, contrairement à ce que beaucoup imaginent, un bon lecteur ne lit pas forcément beaucoup, mais sélectionne et va à l'essentiel.

Tout comme pour les fiches, l'objectif des lectures n'est pas simplement de lire ou de ficher, mais aussi de comprendre les argumentaires et de les retenir. Ainsi, selon le type de livre, il peut être utile de s'interroger sur ce que l'on cherche (dates, citations, idées), de feuilleter le sommaire, la préface et la quatrième de couverture pour comprendre ce qui est en jeu, au lieu de se lancer immédiatement dans une lecture intégrale, dont il ne restera peut-être pas grand-chose. De plus, certains livres peuvent se lire en survolant ou en lisant des blocs de mots, comme lorsque l'on prend connaissance des résultats de recherche sur Google. Enfin, pensez à lire dans un endroit approprié, sans distractions (bruit, musique, ordinateur) avec un éclairage adapté, favorisant la concentration et le travail de mémorisation.

Pour les lectures complexes en langue étrangère, pensez à vous munir d'un dictionnaire.

Que faire si les difficultés persistent et semblent insurmontables ?

« *Errare humanum est. Perseverare diabolicum.* » Certains étudiants en « prépa » vivent les nombreux changements auxquels ils sont confrontés comme un choc culturel. Ils se demandent s'ils ont choisi la bonne orientation et s'il ne vaudrait pas mieux abandonner. Cette question est évidemment légitime, car la « prépa » est un environnement nouveau où il est normal de ne pas tout réussir du premier coup.

Est-ce pour autant le signe d'un échec scolaire et d'une erreur d'orientation ? C'est une question personnelle. Il peut être utile d'essayer de faire un bilan seul, en reprenant les différents points et conseils présentés dans ce chapitre pour identifier ce qui pose problème et est résoluble à court terme. C'est par exemple le sentiment d'être débordé par le travail demandé, l'impossibilité à s'organiser efficacement, une mauvaise hygiène de vie, ou encore la démotivation face au système de notation propre à la « prépa ». On peut également faire le point avec son entourage proche (parents ou amis). Les professeurs sont également de bons interlocuteurs : ils connaissent bien les concours et les étudiants et peuvent aider ces derniers à prendre du recul et à envisager d'autres solutions.

Enfin, sachez qu'il n'y a rien de grave à démissionner d'une classe préparatoire. Néanmoins ce processus se prépare. En effet, certains moments de l'année (décembre/janvier et mai) sont plus favorables que d'autres et permettent aux étudiants de changer de cursus sans pour autant être obligés de reprendre ses études depuis la première année.

À retenir

Sans qu'il y ait forcément de recette miracle, l'entrée en classe préparatoire et dans les études post-bac peut se préparer dès la terminale à l'aide de conseils simples : travailler efficacement dans l'optique du baccalauréat et travailler les matières qui seront importantes pour un futur proche.

Par ailleurs, il est inutile de brûler les étapes. En effet, l'essentiel du travail d'adaptation aux méthodes de la classe préparatoire se fera surtout à la rentrée.

Durant cette période clé, où le droit à l'erreur restera bien entendu permis, l'étudiant découvrira et devra s'approprier les objectifs et les pratiques des classes préparatoires, identifier leur façon de travailler et les méthodes de travail adaptées à son profil.

Chapitre 4

Au cœur de la « prépa »

« Prépa », classe « prépa », CPGE... Derrière toutes ces appellations se cache une spécificité française intimement liée à l'histoire de notre système éducatif post-bac et au principe de recrutement sélectif. Nous allons présenter ici en détail les points clés de ces deux (ou trois) années, notamment l'esprit et l'ambiance ; les objectifs et les spécificités de l'enseignement ; l'organisation du travail et les astuces pour réussir.

Un peu d'histoire

Les CPGE trouvent leur origine dans l'apparition des concours dans le système éducatif français. Les premiers étaient destinés à recruter les meilleurs éléments pour les corps d'armée – cette origine militaire marquera durablement les classes « prépas », comme nous le verrons plus loin –, mais aussi dans les grandes écoles. L'utilisation quasisystématique du concours comme mode de recrutement pour ces dernières est basée sur les avantages perçus du concours :

- Égalitarisme : pas de recommandation ni de dossier.
- Homogénéité du recrutement : le concours « nivelle » le recrutement par le haut, garantissant un niveau minimum en entrée d'école.

Les premières classes préparatoires étaient des officines privées, surtout présentes à Paris. Toutefois, l'acte fondateur des classes préparatoires telles que nous les connaissons de nos jours est à mettre au crédit de Napoléon Bonaparte, avec la création en 1802 des lycées, qui comportent tous une classe de « mathématiques spéciales ». Les modalités des concours de l'époque, qui privilégiaient les interrogations orales, favorisaient les examens et répétitions orales, qui donneront par la suite naissance aux « colles » telles que nous les connaissons.

De la même manière, les autres classes préparatoires (littéraires, commerciales, biologiques, vétérinaires, etc.) trouvent leur origine dans la création d'un concours pour une école supérieure : ainsi le recrutement sur concours de l'ENS a entraîné la création de classes de Khâgne dès 1880. Par ailleurs, le corps professoral s'est adapté et la sélection des professeurs de ces classes préparatoires s'est faite parmi les professeurs agrégés (les concours d'agrégation de l'enseignement secondaire ont été établis sous leur forme « moderne » en 1808).

Les classes « prépas » HEC sont, elles, beaucoup plus récentes : si les écoles de commerce sont créées dès le XIXe siècle (l'ESCP naît le 1er octobre 1819 par la volonté de Jean-Baptiste Say et Vital Roux), elles n'utilisent le concours comme mode de recrutement qu'à partir du siècle suivant, entraînant de fait la création de classes préparatoires, au début surtout organisées par l'enseignement privé.

Si les classes « prépas » se sont développées au cours du XXe siècle pour les options mathématiques et littéraires, ce n'est qu'à partir des années 1970 et surtout 1980 que les classes « prépas » HEC ont investi les lycées français et marocains. C'est là une autre spécificité de la « prépa » : ce type d'enseignement n'existe qu'en France métropolitaine et plus récemment dans les DOM/TOM, ou au Maroc. Quelques établissements y préparent les élèves marocains aux concours des écoles françaises, les plus connus étant les lycées Descartes et Lyautey.

Découvrez l'historique des classes préparatoires évoqué par Bruno Belhoste, professeur d'histoire contemporaine à l'université de Paris X Nanterre, sur www.prepa-hec.org/prepa/historique-prepa.

L'intégration

Définition

L'intégration est constituée de coutumes, de règles et de pratiques, assimilables à des rites d'initiation. Autrefois, ce « passage obligé » comportait un caractère souvent dégradant : brimades, racket, violence verbale, etc. On parlait alors de « bizutage ». Certains sociologues et psychologues en ont produit des analyses contradictoires : rite de passage, socialisation et apprentissage de la hiérarchie s'opposent au défoulement collectif et à la régression infantile.

Décrié depuis de nombreuses années en raison des abus de certaines communautés étudiantes, le bizutage en « prépa » a été formellement interdit par la loi du 17 juin 1998. Ce texte le définit comme « le fait pour une personne, d'amener autrui, contre son gré ou non, à subir ou à commettre des actes humiliants ou dégradants lors de manifestations ou de réunions liées aux milieux scolaire et socio-éducatif ». Cette pratique étant désormais illégale et tendant à désigner des actes répréhensibles, on parle plutôt d'intégration, même si le terme bizutage revient encore souvent.

En pratique

Le folklore est une partie importante de l'intégration, notamment dans certaines « prépas » où la tradition du « khâlot » (équivalent de la coiffure traditionnelle estudiantine belge, dite « penne ») se perpétue. Elle clôt le processus d'intégration. Le « khâlot » est codifié :

- bleu-noir à liseré rouge pour les « taupins » (maths « sup »/ maths « spé ») ;
- marron à liseré jaune pour les littéraires (hypokhâgne/ khâgne) ;
- vert à liseré jaune pour les « agros »/BCPST ;
- bleu ciel pour les « épiciers » (HEC) ;
- rouge pour les « vétos ».

Les différents symboles arborés sur le « khâlot » permettent d'identifier immédiatement le parcours et les spécificités de son possesseur : baccalauréat obtenu, années d'études, internat, fonction dans la « prépa », etc.

L'intégration désigne surtout des soirées ou des week-ends d'intégration, visant à former un esprit de groupe et à permettre aux étudiants de faire connaisance, ainsi qu'à transférer informations et connaissances *via* les « anciens ». Le parrainage constitue l'un des éléments fondateurs de l'intégration.

Comment aborder les soirées d'intégration ?

Celles-ci ne doivent pas être une obligation ou une épreuve. Contrairement à une idée largement répandue chez les lycéens et néo-préparationnaires, un étudiant ne souhaitant pas y prendre part ou ne pouvant matériellement se le permettre, ne sera pas sanctionné pour autant. De même, s'il estime qu'une épreuve ou une animation est idiote ou dégradante, il peut le dire et refuser d'y prendre part. Il ne lui en sera pas tenu rigueur.

Ceux qui s'y rendent doivent l'envisager comme tout événement social. Ces soirées ou week-ends sont l'occasion de mettre en valeur certaines facettes de sa personnalité et de rencontrer ceux que l'on côtoiera la plupart du temps au cours des deux prochaines années.

Enfin, ceux n'ayant pu assister aux différents événements d'intégration auront largement le temps et l'occasion par la suite de sympathiser, voire de fraterniser avec leurs camarades de « prépa ».

En cas d'acte répréhensible, contactez les autorités administratives de votre établissement scolaire, et si besoin les associations dédiées à la lutte contre le bizutage. Leurs coordonnées sont disponibles sur www.prepa-hec.org/prepa/bizutage.

Le coût de la « prépa »

« Prépa » publique ou privée

Une « prépa » coûte-t-elle cher? En soit non, puisque dans leur majorité, les classes préparatoires sont publiques, situées dans des lycées et gratuites. Dans ces établissements, la scolarité est prise en charge par l'État français, *via* l'Éducation Nationale. Bien sûr, il ne s'agit que de l'accès à l'enseignement : à cela s'ajoutent les frais de logement, transport, fournitures scolaires, etc. Et même si une « prépa » publique ne facture pas de frais de scolarité, tout n'est pas pour autant gratuit : certains frais administratifs doivent être réglés à l'inscription, notamment si l'on s'inscrit en parallèle à l'université (équivalences université/« prépa »). Enfin, il ne faut pas négliger l'éventuel budget internat, facturé par le lycée.

Les frais de scolarité des « prépas » privées, eux, vont de 1700 euros à environ 7 000 euros annuels. Mieux vaut connaître le montant exact avant de constituer ses vœux! En outre, certaines « prépas » privées se déroulent obligatoirement en internat. Dans tous les cas, des aides existent (lire plus loin).

Logement

Selon une étude d'octobre 2009 du *Figaro*[7], le logement représente le poste de dépense le plus important pour les étudiants français, juste devant l'alimentation. Les étudiants de « prépa » ne font pas exception. Ces derniers disposent de plusieurs options :

- internat;
- appartement (éventuellement avec option interne/externe);
- colocation;
- domicile parental;
- résidence étudiante.

7. www.lefigaro.fr/actualite-france/2009/10/10/01016-20091010ARTFIG00163-un-etudiant-depense-5218364-par-mois-.php.

Internat

C'est la solution la plus pratique : l'élève est directement sur le lieu de ses études et n'a pas à se préoccuper de problèmes logistiques tels que la nourriture, le ménage, etc. En outre, la présence de condisciples crée souvent de l'émulation ou un sentiment de compétition propice au travail. Attention néanmoins à ne pas transformer cet élan en simple festivité estudiantine, souvent incompatible avec un travail de qualité… Enfin, la plupart des internats situés dans les lycées sont fermés le week-end. Si vous ne pouvez être hébergé ailleurs en fin de semaine, la résidence étudiante ou un appartement sont peut-être des solutions plus adéquates.

Appartement

Voilà une option intéressante : totalement autonome, l'étudiant se trouve moins exposé aux sollicitations de ses camarades et peut organiser son temps de travail plus facilement, etc. Néanmoins, la vie en appartement implique des responsabilités (ménage, cuisine, etc.) pouvant s'avérer chronophages et distrayantes. Certains y trouveront une échappatoire, d'autres s'y perdront en procrastination. Il faut donc être assez mûr et autonome pour se lancer dans l'aventure de la gestion d'un appartement en plus de ses études en « prépa ».

Certains internats proposent le statut interne/externe : l'élève loge en dehors du lycée, mais prend tous ses repas à la cantine du lycée. Voilà une option convenant aux étudiants qui ne se sentent pas l'âme d'un cordon-bleu, et une bonne idée pour réduire son budget, cette option offrant un très bon rapport qualité/commodité/prix.

Colocation

Bonne option sur le plan financier – frais d'hébergement partagés et surface généralement plus grande –, la colocation peut aussi être avantageuse sur le plan du travail : si chaque colocataire a sa propre chambre, les conditions sont idéales pour une organisation efficace.

La colocation est plutôt réservée aux étudiants de deuxième, voire troisième année, qui auront trouvé des colocataires partageant le même mode de vie et/ou les mêmes aspirations. On peut cependant débuter une colocation en première année à condition de la faire avec ses camarades de lycée suivant la même « prépa ».

La colocation présente aussi des inconvénients, exacerbés dans le cadre d'une cohabitation entre préparationnaires. Organisation de la vie en communauté et partage des tâches sont certes banals, mais peuvent s'avérer problématiques en « prépa », où le temps est une denrée précieuse. Attention également au respect du rythme de chacun : pas question d'organiser une fête pour décompresser si l'un des colocataires souhaite étudier ou se reposer. Comme pour l'internat, tout est question d'équilibre. À la différence près qu'aucun surveillant n'est là pour rappeler à l'ordre en cas de débordement...

Domicile parental/familial

Les chanceux qui vivent près de leur future « prépa » et qui s'entendent bien avec leurs parents disposent de la solution la plus simple. Déjà familiers avec l'environnement de vie, ils peuvent s'arranger avec leur famille pour bénéficier d'espace et de temps de travail adaptés. De plus, les frais sont réduits à la portion congrue (déplacement uniquement).

Attention toutefois à bien gérer son temps : les sollicitations familiales peuvent être nombreuses et tentantes. Il est parfois difficile de refuser de passer du temps avec ses parents. Établissez donc des règles dès le début avec vos parents, vos frères et sœurs et ne dérogez pas à ces règles pour maintenir un équilibre correct.

Résidence étudiante

Idéale pour rencontrer des étudiants d'autres sections (université, école d'ingénieurs, autres « prépas »), elle peut freiner cependant motivation et concentration par la diversité des cursus suivis et une forte animation. En dehors de ces considérations festives, les résidences étudiantes présentent un bon rapport prestations/prix, mais les places sont limitées, notamment pour les résidences gérées par le CROUS[8] et ont tendance à être réservées aux étudiants à faibles revenus. Enfin, ces résidences ont souvent tendance à être éloignées du lieu des « prépas ».

Spécificité pour les jeunes filles : les foyers de lycéennes, hébergement purement féminins, offrent une bonne option par rapport aux

8. Centre régional des œuvres universitaires et scolaires.

internats ou aux résidences étudiantes. Toutefois, là encore les places sont peu nombreuses...

Quel que soit votre choix de logement, il faut préférer l'option qui correspond le mieux à son état d'esprit et son budget. Si l'on a besoin de calme pour travailler et préfère le faire seul, l'appartement ou le domicile familial sont la solution idéale, à condition de se motiver et de bénéficier d'un environnement de travail confortable. En revanche, si l'on a besoin d'être entouré ou ne peut pas rester seul, l'internat ou la colocation est recommandé, en veillant toutefois à ne pas transformer ce mode d'hébergement en club de vacances...

Lieu/critères	*Disponibilité*	*Rapport qualité/ prix*	*Proximité*	*Travail*
Internat	+/-	+ +	+ +	+
Domicile parental	+/-	+ +	+/-	+/-
Colocation	+	+/-	+/-	+/-
Résidence étudiante	- -	+	+/-	+/-
Appartement	+	+/-	+/-	+/-

Transport

Les trajets peuvent occuper une partie non négligeable de la journée et engendrer du stress et de la fatigue. Pensez-y lors des choix de « prépas » et de la recherche de logement : aurez-vous de meilleurs résultats dans une « prépa » mieux classée, mais éloignée du logement, ou dans une « prépa » moins bien classée, mais offrant plus de temps pour soi (et son travail) ?

Les frais de transport sont directement liés à la localisation : les internes n'ont à faire que les trajets domicile/ « prépa » (majoritairement le week-end) ou de loisirs, réduisant de fait leur budget déplacement.

Deux cas de figure existent : les déplacements quotidiens et occasionnels (retour chez les parents par exemple).

Déplacements quotidiens

Ici, les transports en commun et/ou la marche sont à privilégier. Outre le fait qu'il s'agit d'un acte écologiquement responsable et vivifiant physiquement, ces quelques instants permettent de s'évader, de se vider l'esprit... voire de réviser : le train offre généralement un environnement suffisamment calme pour étudier certaines matières comme les langues vivantes ou revoir les points abordés dans la journée. Nous verrons plus en détail par la suite les différentes méthodes de révision.

Sauf cas exceptionnel ou particulier, la voiture est à proscrire : génératrice de stress, de fatigue, d'accidents et de retards en plus d'être économiquement et écologiquement peu viable, ce mode de transport doit être employé avec parcimonie.

En pratique

La plupart des sociétés de transport en commun proposent des réductions pour les étudiants ou les moins de 25 ans, aidant ainsi à optimiser son budget transport. Certains réseaux proposent même la gratuité des transports pour les étudiants ! En outre, certaines réductions de transport peuvent être couplées avec des réductions pour le train (TER, TGV) : renseignez-vous auprès de l'agence commerciale de votre ville de résidence ou dans la gare la plus proche.

Déplacements hebdomadaires ou ponctuels

Pour les préparationnaires dont l'établissement est éloigné du domicile parental, le budget transport augmente, notamment en raison des retours hebdomadaires. En fonction du lieu de résidence et de l'éloignement du domicile parental, une carte de réduction ou un abonnement SNCF s'impose.

Là encore, à moins de pratiquer le covoiturage ou d'habiter à proximité de la « prépa », la voiture est une option palliative, pour les raisons évoquées plus haut.

En pratique

La « Carte 12-25 » n'est pas forcément l'option la plus intéressante. Dans certains cas, un abonnement Fréquence ou la carte Grand Voyageur (avec la possibilité d'obtenir des billets gratuits) s'avère plus économique. Toutes les informations sur les cartes et abonnements sur www.voyages-sncf.com/services-train/carte-abonnement-train.

Fournitures

Finie l'époque joyeuse où l'on parcourait les allées des papeteries ou de l'hypermarché local à la recherche de cahiers, crayons HB et autres fournitures demandées par les professeurs... Avec la « prépa », on entre dans une autre dimension : celle des fournitures scolaires en gros.

Calculatrice

Comme nous l'avons vu dans le chapitre précédent, la calculatrice est inutile en « prépa » HEC ou littéraire, puisqu'elle est interdite lors des concours. Même si certaines épreuves de mathématiques semblent complexes, elles font peu appel à l'arithmétique « élémentaire ». De plus, on attend d'un étudiant en « prépa » qu'il sache faire des calculs sans l'aide d'une calculatrice.

Cahiers, stylos, etc.

Tout préparationnaire fait le bonheur des fabricants de cartouches et des papetiers. Le débit des professeurs est incomparable entre la « prépa » et la terminale : on avance, et plutôt au pas de charge. Des kilomètres et des kilomètres de connaissances doivent être notés.

Ici, deux écoles s'affrontent : les partisans des feuilles volantes et du classeur ou trieur contre les adeptes des cahiers. C'est une affaire de goût. Les feuilles volantes prennent moins de place dans un sac/cartable, se photocopient et rangent plus facilement, mais ont tendance à disparaître chez ceux qui sont fâchés avec le rangement. À l'inverse, les cahiers sont plus lourds, mais permettent une organisation sur deux pages, pratique pour certaines matières qui nécessitent une classification ou une organisation spécifique. On peut également dédier un cahier par chapitre ou matière.

Autre achat stratégique : les stylos. Un crayon solide est nécessaire pour prendre des notes ; les crayons de couleur sont très utiles pour les cartes et pour mettre en valeur certains éléments du cours. Mieux vaut donc consentir un investissement conséquent au départ, offrant un réel confort de travail par la suite.

Enfin, un stock de surligneurs s'impose pour les épreuves de synthèse ou de contraction. Ils permettent de mettre en avant les éléments clés du discours, les enchaînements logiques, etc., et sont pratiques pour créer des fiches de cours ou de méthode.

Livres

On distingue trois types de livres : ceux de la liste donnée par les professeurs en début d'année ; les manuels et les livres de méthode ou d'aide (langues, mathématiques, etc.), en complément des cours ; enfin, les annales de concours, qui constituent une spécificité.

Pour sa part, la fameuse liste est constituée d'ouvrages que les professeurs recommandent de consulter avant de débuter l'année ou de livres nécessaires dans l'année. Faut-il tout acheter ou tout lire avant d'entrer en « prépa » ? Bien souvent, la liste reste indicative : nul besoin de lire tous les ouvrages qu'elle contient pour partir du bon pied. Il convient de se concentrer sur les fondamentaux, en lisant par exemple d'abord des ouvrages abordant les différents thèmes de la matière, puis des livres plus consistants (classiques de philosophie ou ouvrages d'histoire économique). Attention : concernant les mathématiques, l'aide d'un professeur est probablement incontournable pour comprendre les éléments de cours.

Concernant les manuels et les livres de méthode ou d'aide, un choix pléthorique existe fournissant astuces et fiches afin de réviser efficacement ou de compléter les cours. De nombreux ouvrages de qualité sont disponibles, la plupart rédigés par des enseignants de « prépa » et des concepteurs d'épreuves. Nous vous conseillons de choisir le livre au format le plus adapté à vos habitudes de révision et proposant une aide sur les points qui vous font défaut : méthodologie, connaissances clés, vocabulaire, etc.

Enfin, les annales de concours s'avèrent une aide précieuse pour s'imprégner de l'esprit de certaines épreuves et identifier les points essentiels de chaque épreuve.

En pratique

Les ouvrages occupent souvent la part la plus importante du budget d'un préparationnaire. Heureusement, plusieurs solutions permettent de réduire ce budget :

- les bourses aux livres organisées sur prepa-HEC.org (www.prepa-hec.org/petites-annonces);
- les offres d'occasion publiées dans la librairie de prepa-HEC.org (www.prepa-hec.org/librairie);
- les bourses aux livres organisées par la « prépa » en début d'année;
- l'achat d'ouvrages en commun, etc.

Aides

Quelles sont les aides disponibles pour les étudiants de « prépa » ? A-t-on droit aux bourses pendant cette période ? Au même titre que tout étudiant, les préparationnaires peuvent accéder à un système d'aides et de bourses tout au long de la « prépa » pour payer leur logement, acheter des livres, payer les frais de diverses natures, etc.

Bourse

Les bourses sur critères sociaux sont ouvertes aux élèves de « prépa », sous réserve d'éligibilité. Le tableau suivant présente les montants pour l'année 2009/2010 :

Taux annuel	Échelon 0	Échelon 1	Échelon 2	Échelon 3	Échelon 4	Échelon 5	Échelon 6
Montant de la bourse	0 €	1445 €	2177 €	2790 €	3401 €	3905 €	4140 €

Découvrez les échelons existants sur www.cnous.fr.

La bourse du mérite, elle, peut être obtenue aux conditions suivantes :

- mention « très bien » obtenue au baccalauréat;
- respect des critères sociaux;
- transmission de sa candidature au proviseur de son lycée;
- renseignement puis envoi du dossier transmis par le rectorat.

Enfin, certaines bourses spécifiques existent pour les étudiants des DOM-TOM, notamment s'ils doivent poursuivre leurs études en métropole. Des réductions sur les billets d'avions peuvent leur être proposées (renseignements auprès du CROUS).

En pratique

Pour calculer les aides auxquelles vous pouvez avoir droit, différents simulateurs existent :

- www.cnous.fr, puis sélectionnez le CROUS local pour connaître les bourses disponibles ;
- www.caf.fr, puis sélectionnez la CAF dont vous dépendez pour déterminer l'aide au logement éventuelle.

Pour en savoir plus, rendez-vous sur http://livre.prepa-hec.org/liens.

Aide au logement

L'aide au logement est ouverte aux étudiants en « prépa », sous réserve des conditions d'éligibilité, dont des critères de revenus. Attention : elles ne sont pas forcément ouvertes aux internes ou aux pensionnaires de foyers de lycéennes. Parmi les aides existantes, citons l'APL (allocation personnalisée au logement) et l'ALS (allocation logement à caractère social). Dans tous les cas, l'étudiant doit faire lui-même les démarches auprès de la CAF.

Frais des concours

L'inscription aux concours est payante. Plus les aspirations du candidat et le nombre d'écoles sont élevés, plus les frais d'inscription risquent de s'envoler. Toutefois, certaines écoles proposent une réduction, voire la gratuité des frais d'inscription aux concours. Par ailleurs, l'inscription commune à plusieurs écoles des étudiants non boursiers permet de bénéficier d'un tarif dégressif (voir plus loin dans le chapitre 6).

Spécificités de l'enseignement

Les matières

Elles diffèrent selon la section de « prépa ».

- **Voie scientifique** (ou générale) : mathématiques et informatique, histoire et géographie économiques, langues vivantes étrangères, culture générale, et économie en option.
- **Voie économique** : mathématiques et informatique, analyse économique et historique des sociétés contemporaines, langues vivantes étrangères, culture générale, économie.
- **Voie technologique** : mathématiques et informatique, économie, langues vivantes étrangères, culture générale, techniques de gestion et informatique, droit.

Comparé aux cours de terminale, le contenu des cours est bien plus dense, plus précis et plus complexe : certaines notions parfois abordées au lycée sont revues, mais à un niveau bien plus élevé, et avec beaucoup plus de précisions.

Retrouvez le détail des différentes filières de la « prépa » HEC, présentées brièvement dans le deuxième chapitre, à l'adresse www.prepa-hec.org/prepa/programmes.

Mathématiques

Les éléments étudiés communs aux trois sections sont : combinatoire, algèbre linéaire, analyse, statistiques, probabilités, calcul intégral. Suivant la filière, ces éléments sont plus ou moins approfondis et développés.

Culture générale

Cet enseignement commun aux trois voies (ECS, ECE et ECT) concerne à parts égales les lettres et la philosophie. Son but est de « *former l'esprit à une réflexion autonome et éclairée, par la lecture ample et directe des grands textes et par la pratique de la dissertation.* »[9]

9. Source : *Journal Officiel*.

Ses objectifs majeurs sont :

- développer la maîtrise de l'expression écrite et orale, l'aptitude à communiquer ;
- approfondir la réflexion personnelle et le sens critique ;
- enrichir la culture et mieux comprendre le monde actuel.

L'enseignement est réparti sur les deux ans. La première année est consacrée à l'étude de différents thèmes afin de consolider et d'élargir la culture acquise pendant les études secondaires.

En pratique

Voici les thèmes abordés en première année :

- l'héritage de la pensée grecque et latine ;
- les apports du judaïsme, du christianisme et de l'islam à la pensée occidentale ;
- les étapes de la constitution des sciences exactes et des sciences de l'homme ;
- l'essor technologique et l'idée de progrès ;
- la société, le droit et l'État moderne ;
- les figures du moi et la question du sujet depuis la Renaissance ;
- l'esprit des Lumières et leur destin ;
- quelques grands courants artistiques et esthétiques depuis la Renaissance ;
- les principaux courants idéologiques contemporains.

La seconde année est consacrée à l'étude d'un thème, différent chaque année, dévoilé vers la fin de la première année. Pour se familiariser avec lui, il est donc recommandé de lire les différents ouvrages conseillés par les professeurs pendant les vacances, avant la rentrée. Lors de l'épreuve de culture générale au concours, on peut choisir le sujet à traiter dans le thème étudié en seconde année de « prépa », ou un sujet « hors thème ».

Langues vivantes

Deux langues vivantes sont obligatoires en « prépa » HEC. Les étudiants sont notés lors du concours sur ces deux langues, à l'écrit comme à l'oral. L'enseignement des langues vivantes est lui aussi intensif : il faut atteindre un niveau de maîtrise de la langue bien supérieur à ce que l'on a expérimenté au lycée.

L'enseignement se base sur l'acquisition de connaissances théoriques (grammaire, vocabulaire), ainsi que d'une aisance orale (principalement lors des « colles »). On y apprend le vocabulaire, la grammaire et des connaissances sur la civilisation pour se préparer aux épreuves écrites des concours, à savoir la version (traduction d'un texte en langue étrangère vers le français), le thème (traduction d'un texte ou de phrases en français vers une langue étrangère), et l'essai (rédaction d'une dissertation en langue étrangère à partir d'un sujet). Pour plus d'informations, lisez le chapitre 6. Enfin, la préparation des épreuves orales se déroule essentiellement lors des « colles », abordées plus loin.

Histoire, géographie et géopolitique (HGG)

Réservée à la voie ECS, cette matière est enseignée pendant les deux années de « prépa ». Les épreuves du concours portent donc sur l'ensemble du programme.

L'histoire dans sa dimension la plus large des civilisations, la géographie et la géopolitique rappellent comment ces espaces continentaux à l'identité forte connaissent/ont connu, récemment ou par le passé, l'expansion du monde occidental.

Le programme analyse également les effets et les dynamiques de la mondialisation et les questions d'intégration au sein d'un espace mondial, principalement pour l'Europe, les Amériques et l'Asie, en étudiant les enjeux géo-économiques et géopolitiques.

Analyse économique et historique (AEH)

Réservée à la voie ECE, cette matière est enseignée pendant les deux années de « prépa ». Les épreuves du concours portent donc sur l'ensemble du programme.

Le programme propose l'étude des principaux phénomènes économiques et sociaux aux XIXe et XXe siècles. Il vise à donner aux étudiants des instruments d'analyse et des clés de compréhension du monde contemporain. Son articulation sur deux ans permet le développement du travail personnel et l'acquisition de méthodes propres aux sciences économiques, à l'analyse historique et aux sciences sociales.

Cette démarche doit conduire les étudiants à nourrir et à mûrir une réflexion autonome à propos de phénomènes complexes.

Les « colles »

Les « colles » (orthographiées aussi « khôlles » ou encore « kholles ») sont une des spécificités de la « prépa », absente des autres types de formation. Redoutées par les étudiants, ces interrogations orales sont souvent le meilleur moyen de progresser, en bénéficiant du suivi du professeur en comité réduit, voire en épreuve individuelle (cas des « colles » de langues vivantes).

Les « colles » sont notées et entrent dans le calcul de la moyenne. Ces sessions de travail en groupes restreints de trois personnes maximum, constitués en début d'année, doivent être préparées, comme toute interrogation. En fonction de la matière, l'interrogation prend des formes différentes, mais reste toujours orale, après un temps de préparation.

Les « colles » d'HGG, d'AEH et de culture générale portent généralement sur l'étude d'un sujet ; l'objectif n'est pas de faire une dissertation, mais de prouver que l'on peut définir une problématique et restituer ses connaissances de façon organisée, structurée, en un temps limité.

Les « colles » de langues vivantes se déroulent à partir de textes issus de la presse anglo-saxonne ou d'annales, ou encore d'enregistrements audio issus des épreuves des années précédentes. Elles permettent de développer ses compétences en termes de compréhension, d'analyse et d'expression, en s'habituant aux différents accents utilisés au sein des différentes banques d'épreuves. C'est également l'occasion d'améliorer son accent.

Quant aux « colles » de mathématiques, elles se déroulent généralement au tableau. Les rôles sont inversés : l'étudiant est au tableau pour résoudre un exercice face au professeur, en utilisant les notions de cours et les démonstrations apprises précédemment.

Les « colles » sont l'occasion idéale d'obtenir un avis direct des professeurs sur son travail, de glaner des conseils de méthodologie, d'obtenir des précisions sur certains points du programme ou certaines notions mal assimilées. Elles préparent également aux épreuves orales des concours de certaines écoles (lire le chapitre 6).

Enfin, les « colles » ne sont pas planifiées de façon aléatoire. En début d'année, un « colloscope » est distribué. Cet astucieux emploi du temps organise les horaires de passage de chaque groupe dans chaque matière. Aux heures de cours proprement dites s'ajoutent donc celles de « colle » (deux heures environ par semaine), la plupart du temps prévues le soir.

Les professeurs

Évoluant au cœur du dispositif des classes « prépas », les professeurs n'ont qu'un objectif : contribuer à la réussite des élèves.

Le programme est exigeant, la quantité de travail énorme, les enjeux importants. C'est pourquoi les professeurs semblent parfois accabler les étudiants de travail et se montrent durs avec eux. Cette attitude ne doit pas être prise comme une attaque personnelle : c'est le système des « prépas » en lui-même qui le justifie. Deux principes y régissent l'enseignement : l'excellence pédagogique et l'excellence des connaissances.

Les professeurs guident les élèves d'un niveau de connaissances du secondaire, parfois hétérogène, à un niveau largement supérieur, indispensable pour réussir au concours. Ce savoir est non seulement constitué d'une immense masse de connaissances dans les différentes matières enseignées, mais également de méthodologies pour maîtriser son temps lors des épreuves et gagner de précieux points – un point en plus au concours équivaut à plusieurs dizaines de places gagnées sur la liste d'attente.

Majoritairement agrégés dans leur matière, les enseignants sont affectés à un établissement par le rectorat. Contrairement à une idée reçue, aucun professeur n'est « lié » à une « prépa », et un enseignant « vedette » peut donc changer de « prépa » en cours de carrière, du moins dans le public. Les affectations sont gérées au niveau national. Un professeur de « prépa » peut par ailleurs enseigner simultanément dans une autre section de « prépa », par exemple un professeur de mathématiques pourra enseigner en « prépa » HEC et en « prépa » MPSI (mathématiques, physique, sciences de l'ingénieur), dans une grande école ou encore au lycée.

En pratique

Si l'on se base sur les informations données par l'académie de Rouen, « un service en classe préparatoire peut être confié à un professeur selon deux modalités administratives différentes :

- Soit le service d'enseignement libéré ou créé correspond à un support budgétaire étiqueté poste CPGE. Alors, le professeur peut être nommé à ce poste : il s'agit d'une affectation.
- Soit aucun support budgétaire ne correspond précisément au service libéré ou créé ou bien il s'agit d'un support second degré. Le service est alors confié en attribution. Les services sont composés soit uniquement de classes préparatoires, soit de classes préparatoires et de classes terminales. »

Certains étudiants reprochent aux professeurs un comportement parfois abrupt, ou encore le caractère infantilisant du suivi très régulier, de la notation, et des contraintes de la « prépa ». Attention : un élève avide d'autonomie et de liberté dans son organisation du travail, qui ne supporte pas les remarques acides (mais justes) sur son travail, n'est pas fait pour la « prépa ».

Compétition/coopération : vers la « coopétition »

Existe-il vraiment un esprit de compétition parmi les étudiants de « prépa » ? Comment travailler ensemble pour passer un concours qui ne sélectionnera que les meilleurs ? Comment gérer les différentes phases de motivation pendant ces deux années ?

L'aspect psychologique s'avère essentiel en « prépa » : il faut fournir un effort soutenu durant deux ans, avec des phases de haut et de bas, pour passer au final des épreuves conditionnant un des premiers investissements financiers importants dans la vie de l'étudiant, ainsi que son entrée dans la vie active et ce qui en découle (rémunération, orientation de carrière, etc.).

Esprit de concours

Première différence de taille par rapport au lycée ou à l'université : on prépare un concours. Peu importe que l'on soit premier de sa classe pendant les deux ans de « prépa » si l'on est mauvais le jour du concours. L'important est d'être bon ce jour-là, voire meilleur que les autres. Contrairement au lycée (où dix de moyenne suffit pour devenir bachelier) où les places sont illimitées, celles en école de commerce sont limitées. Très logiquement, pour obtenir les meilleures écoles, mieux vaut figurer parmi les meilleurs.

Ceci implique un esprit de compétition : les camarades de classe sont potentiellement des adversaires, dans la mesure où ils peuvent être meilleurs et gagner leur sésame dans l'école rêvée. Cela dit, le principal adversaire est soi-même : difficile de blâmer les autres d'avoir été meilleurs étant donné que tout le monde a suivi la même préparation…

Quoi qu'il en soit, l'idée d'une compétition exacerbée entre préparationnaires d'une même classe, très répandue dans l'imaginaire collectif, s'avère largement surévaluée : les récits de livres subtilisés, de pages arrachées et d'autres actes de « terrorisme » estudiantin visant à nuire à la préparation des autres camarades tiennent plus de la légende urbaine que du quotidien.

L'esprit de concours se traduit plutôt par une stratégie de segmentation et de « bluff ». Concernant la segmentation, au bout d'un certain temps, on connaît son niveau et celui de ses camarades. On a alors tendance à aider et conseiller les élèves d'un niveau inférieur, puisqu'ils ne représentent pas une « menace » et permettent de réviser tout en les aidant. En revanche, on se montre plus réservé vis-à-vis des élèves du même niveau. Enfin, on essaie de profiter des connaissances et des techniques des élèves meilleurs que soi.

Quant au « bluff », il s'agit d'une composante importante en « prépa ». À entendre les préparationnaires discuter entre eux, on jurerait que personne ne travaille. Même si c'est effectivement le cas pour certains, de nombreux étudiants tendent à minimiser le récit de leur travail personnel, donnant ainsi l'impression d'être à l'aise. À l'inverse, d'autres préfèrent noircir le tableau de leurs connaissances, en avouant ne rien comprendre au cours…

Tous ces éléments participent de la création d'une ambiance de compétition, où chacun s'observe, se jauge et détermine les forces et les faiblesses de chaque adversaire. Outre la difficulté des matières et la charge de travail conséquente prévue, le préparationnaire doit affronter une autre épreuve, contre lui-même : maintenir sa motivation à un niveau élevé pendant deux ans.

Motivation

Que faire quand on n'a pas le moral? Comment rester motivé pendant deux ans? L'environnement compte beaucoup, de même que l'organisation du travail : les chances de réussir et de rester motivé se renforcent si la famille et les amis partagent la même vision et n'interfèrent pas avec l'objectif de l'étudiant. C'est d'ailleurs là l'une des clés de la réussite : se fixer des objectifs et s'y tenir. Au lieu de regarder la montagne depuis la vallée et de vouloir en atteindre le sommet d'un coup, il faut commencer à grimper et se concentrer sur les premiers kilomètres. L'étudiant est seul maître de sa réussite : ses objectifs doivent rester simples et directement mesurables, en procédant méthodiquement.

Pour vous aider à vous motiver, retrouvez nos conseils sur http://livre.prepa-hec.org/liens.

Tout préparationnaire passe par différentes phases, de l'euphorie à la démotivation la plus complète. Les pertes de moral interviennent le plus souvent aux périodes de vacances, durant la période des fêtes de fin d'année, ou quelques semaines avant les concours. Sachant cela, on peut anticiper ces phases et s'y préparer, afin de désamorcer ces périodes de démotivation. C'est aussi l'occasion de se remettre au travail : les échecs sont inévitables, car le processus d'apprentissage est ainsi fait. On apprend toujours de ses échecs et rien ne remplace l'entraînement : les efforts porteront leurs fruits; c'est la seule chose qui importe. Enfin, c'est quand on est près du but qu'on est le plus enclin à abandonner. C'est précisément dans ces moments que les meilleurs font la différence en rebondissant et faisant les efforts supplémentaires.

Retrouvez sur le forum une discussion consacrée à l'échec à l'adresse http://livre.prepa-hec.org/liens.

Organisation du travail

La notation

Rapidement abordé dans le premier chapitre, ce sujet mérite que l'on y consacre du temps. La notation est très certainement l'un des premiers chocs de l'entrée en « prépa ». Elle diffère en effet énormément de ce que l'on a pu connaître au lycée. Ainsi, les notes sont souvent très faibles – les moins de cinq sur vingt sont légion...

Contrairement aux études secondaires, où il faut valoriser ses connaissances pour atteindre un certain niveau, la notation en « prépa » est basée sur le même principe que celle des concours : il faut classer, trier et donc sélectionner. La notation est donc plus facilement négative : on retire des points pour des fautes au lieu de valoriser ce qui est correct. Certains barèmes de notation peuvent même générer – du moins en théorie – des notes négatives. C'est le cas notamment pour les contractions ou les synthèses de texte où les fautes d'orthographe et de grammaire, ainsi que le dépassement des seuils, sont sanctionnés par des points en moins.

Par ailleurs, le niveau en « prépa » dépassant largement celui du lycée, la notation est adaptée. Un temps d'ajustement est donc nécessaire pour tous les élèves et se manifeste par des notes très faibles en début d'année. Il ne faut pas se décourager pour autant : au fur et à mesure de l'apprentissage, les notes s'améliorent.

Retrouvez sur le forum une discussion consacrée à la notation à l'adresse http://livre.prepa-hec.org/liens.

Capacité d'adaptation

Par rapport à la terminale, tout change, mais... rien ne change ! En effet, le préparationnaire est toujours au lycée, il y a toujours des « devoirs maison » (DM), des « devoirs surveillés » ou « sur table » (DS), des moyennes et des professeurs. Mais tout change, puisque la quantité de travail personnel à fournir est incomparable, que le niveau des cours est bien plus élevé, et que les notes obtenues dans l'année ne garantissent pas l'accès à une école.

Notez d'ailleurs que la réussite au lycée ne garantit pas le succès en « prépa » : de très bons lycéens échouent en « prépa », alors que des élèves moins brillants peuvent se révéler d'excellents préparationnaires. Tout dépend de la motivation et de la capacité d'adaptation à un environnement et à des méthodes de travail différents de ceux du lycée.

Bien entendu, on peut continuer à agir comme au lycée : travailler à la dernière minute, traîner des heures devant la télévision ou l'ordinateur au lieu de réviser, s'appuyer sur ses camarades de classe pour résoudre des exercices difficiles dans un DM, etc. Mais c'est courir à l'échec : pourquoi alors perdre deux ans en « prépa » ? Le travail doit y être régulier et soutenu.

Quelques conseils

Nous approfondissons ici les conseils octroyés dans le chapitre précédent. Nous avons validé ces quelques pistes qui ont fait leurs preuves, au cours des dix ans d'exercice de www.prepa-HEC.org. À chacun de les adapter à ses propres méthodes et besoins. Rien ne vaut l'application des préceptes du judo, notamment de la technique des « *uchi-komi* » : répéter, répéter, répéter, perfectionner sa technique et mettre en pratique lors des concours !

Alterner l'intensité de travail

Nous espérons ne froisser aucun professeur en précisant que certaines matières sont plus faciles à étudier que d'autres. Nous classons les matières entre celles qui sont lourdes et celles qui sont légères.

Matières lourdes	*Matières légères*
Mathématiques	Synthèse et contraction
HGG, AEH, droit et informatique	Langues vivantes
Matière où l'on a des difficultés	Matière où l'on a des facilités

L'idéal est de respecter son rythme biologique en alternant les phases de révision de matières lourdes avec celles de matières légères, en fonction des phases actives et de repos de son corps.

Retrouvez toutes nos astuces pour bien travailler en «prépa» sur http://livre.prepa-hec.org/liens.

Élaborer un programme de révisions

Si vous croyez que les révisions sont réservées aux étudiants de seconde année préparant encore plus intensément que vous les concours, vous avez tort. Le programme de révision débute dès la première année : il faut immédiatement prendre l'habitude de revoir régulièrement ses cours, de façon hebdomadaire, mais également mensuelle et pendant les vacances. Les cours de la journée sont revus chaque soir, les cours de la semaine le week-end, et ainsi de suite. Les vacances peuvent être mises à profit pour élaborer un programme de révision et de travail, toujours en se fixant des objectifs, sur des périodes de quatre semaines environ.

Résumer les cours

C'est l'un des secrets de la réussite en «prépa» : « ficher », résumer, «ficher», résumer, «ficher», résumer, etc. Certains préfèrent revoir leurs cours comme ils lisent un livre, d'autres sont des fanatiques de la fiche. La méthode la plus efficace reste néanmoins le résumé des cours avec les idées clés. On améliore ainsi non seulement ses connaissances méthodologiques et ses techniques de synthèse – utiles pour les épreuves de contraction et de synthèse de texte –, mais l'on habitue aussi son cerveau à retenir les éléments clés et leur situation dans l'ensemble du cours, facilitant ainsi l'apprentissage et la mémorisation.

Choisir un cadre de travail

Un espace de travail optimal doit être si possible aménagé : un bureau bien rangé, au calme, sans sollicitations ou distractions potentielles (pas de télévision, pas de radio, pas d'accès Internet, etc.). En effet, tout ce qui se passe autour de soi est traité par le cerveau, même si l'on n'en a pas conscience. Ceux ayant la fâcheuse habitude de travailler avec un fond sonore doivent l'abandonner, car cela réduit le «temps de cerveau disponible» (même si l'on regarde TF1)...

On a bien entendu le droit de surfer sur le Net, de regarder la télévision, etc., mais pas pendant les phases de travail. Celles-ci doivent être orientées à 100% sur les objectifs du jour, dans le respect du planning : si l'on a prévu deux heures de travail en mathématiques, ce n'est pas quatre-vingt-dix minutes de travail, vingt minutes de recherche sur ses cours et dix minutes de pause...

Techniques alternatives

Les personnes dotées d'une mémoire davantage auditive que visuelle bénéficient désormais d'outils qui leur facilitent la vie : sous réserve d'obtenir l'accord des professeurs, on peut enregistrer leurs cours avec un iPod, pour les réécouter pendant les déplacements ou le soir, et ainsi assimiler le cours. Attention : cette méthode ne remplace pas le fichage et les résumés et ne s'adapte pas à toutes les matières. Enregistrer un cours de mathématiques est peu utile, alors que cela présente un réel intérêt pour les cours de langue.

Faire attention à l'hygiène de vie

Pour composer avec un rythme de travail intense, nécessitant une grande concentration, fréquemment marqué par des phases de fatigue (physique ou mentale), il faut privilégier une hygiène de vie correcte et prendre des remontants « naturels ». Les fruits, par exemple, contiennent des vitamines et sont moins chers au kilo que les compléments alimentaires vendus en pharmacie !

Pour rester concentré, mieux vaut préférer au Guronsan le café ou le thé, mais à dose raisonnable. L'abus de ces boissons excitantes peut provoquer des effets secondaires gênants : irritabilité, palpitations, etc. Par ailleurs, les heures de repos ou de sommeil sont primordiales : mieux vaut se mettre au lit une heure plus tôt plutôt que de tomber de fatigue en cours le lendemain matin. Le manque de sommeil produit des effets néfastes sur la mémorisation, la concentration et agit parfois sur le taux de glycémie, la tension artérielle ainsi que la prise de poids... Un minimum de sept heures de sommeil par nuit permet de rester dans de bonnes conditions physiques et de concentration.

Pour en savoir plus sur ce facteur clé de succès, connectez-vous sur www.prepa-hec.org/articles/prepa-hygiene-vie-succes.

Organisation

Première année

Il convient de se concentrer sur les matières lourdes. Même si ce programme s'étend sur les deux années, une bonne partie est enseignée en première année, dont notamment les mathématiques et l'HGG/AEH. Il est fortement conseillé de prendre de l'avance, en maîtrisant les différents concepts et les méthodologies de ces matières. Tout ce que l'on maîtrise en première année n'a pas à être consolidé ou retravaillé en seconde année. Un travail sur les annales, notamment en mathématiques, est aussi recommandé. On apprend ainsi à repérer les problèmes types et les exercices récurrents.

Par ailleurs, cette première année doit permettre d'acquérir une bonne méthode en synthèse/contraction. Cela donne ainsi plus souvent l'occasion de s'entraîner lors des DS ou DM. Au final, on perd moins de temps à affiner et à perfectionner sa technique.

En langues vivantes, il faut profiter de cette première année pour travailler intensément les bases de la grammaire, notamment les thèmes grammaticaux, avec les annales. C'est aussi l'occasion d'enrichir son vocabulaire, en apprenant des listes de mots par thèmes : champs lexicaux entiers, synonymes, etc. Enfin, la préparation puis l'apprentissage de dossiers sur des thèmes de civilisation récurrents seront utiles à terme pour les épreuves orales après les écrits des concours.

Seconde année

On entre ici dans le vif du sujet : la seconde année est plus courte, plus dense ; l'objectif des concours se rapproche. Le travail fourni en première année va porter ses fruits et permettre de travailler efficacement pour préparer les épreuves des concours. Là encore, il faut se fixer des objectifs quotidiens et hebdomadaires : apprendre un thème grammatical par jour dans chaque langue, maîtriser un chapitre en mathématiques et faire un exercice issu des annales par jour, résumer le cours du jour en HGG/AEH, rédiger deux fiches thématiques en culture générale, etc.

En pratique

Voici une journée type indicative, adaptable en fonction des horaires, des objectifs et des besoins en sommeil de chacun :

- lever, petit-déjeuner, douche ;
- départ pour la « prépa » : si le trajet dure assez longtemps et que les conditions le permettent, revoyez quelques fiches des cours de la veille ou du vocabulaire ;
- 8 heures : début des cours ;
- 12 heures : déjeuner ;
- 13 heures : révision de fiches de culture générale ou d'HGG/AEH ;
- 14 heures : reprise des cours ;
- 18 heures : sortie des cours ;
- retour chez soi : si le trajet dure assez longtemps et que les conditions le permettent, revoyez quelques fiches de vocabulaire ;
- Pause : trente minutes de décompression ; profitez-en pour surfer sur le Web, consulter l'actualité, etc. ;
- 19 heures : devoirs donnés par les professeurs ;
- 20 heures : détente et dîner ;
- 20 h 45 : exercices de mathématiques issus des annales, en alternance avec le fichage du cours d'HGG/AEH ;
- 23 h 15 : revue de fiches de matières légères (langues vivantes par exemple) ;
- 23 h 45 : extinction des feux.

Gestion du week-end

Si les DS ont lieu le samedi matin, l'organisation de la semaine doit être ajustée pour ne passer en revue que la matière du DS de la semaine le vendredi soir, sans faire de bachotage[10]. Le week-end est mis à profit pour revoir les points d'actualité éventuellement ratés pendant la semaine et pratiquer une activité physique pour se défouler et s'aérer l'esprit. Le samedi après-midi est parfait pour des exercices de mathématiques et des annales. À défaut, on peut aussi faire ses devoirs de la semaine à venir. Le repos est réservé soit au samedi soir, soit au dimanche matin. Le dimanche après-midi sonne l'heure de la

10. De même, si les DS sont organisés le mercredi matin, le mardi soir doit être réservé à réviser la matière passée le lendemain.

culture générale et d'HGG/AEH. Enfin, le dimanche soir est consacré à réviser les langues (civilisation, grammaire, vocabulaire).

Organisation spéciale au concours

Beaucoup d'étudiants se demandent quand commencer les révisions pour les concours et comment s'organiser pour bien les préparer. On peut commencer à réviser les concours dès la première année de « prépa ». En effet, tout ce que l'on va étudier est potentiellement utile lors des concours. Les révisions plus intensives peuvent débuter dès le mois de décembre de la seconde année, en adaptant son programme de travail hebdomadaire aux objectifs de progression préalablement fixés, en fonction de ses points faibles, des écoles visées et des coefficients dans les matières correspondantes.

En pratique

Voici une journée type indicative pour les dernières révisions. Lors de cette phase de travail intensif, le maintien d'une excellente hygiène de vie et des bonnes nuits de sommeil restent la règle. Pas question de se tuer à la tâche et d'arriver fatigué pour les concours...

- dès 8 heures : mathématiques en situation de concours (enfermé dans une pièce sans prendre de pause); travail sur les annales;
- 12 heures : repas léger, revue des fiches de vocabulaire;
- 14 heures : apprentissage des fiches d'HGG/AEH pendant trois heures; préparation de thèmes de réflexion pour la culture générale (préparer des passages types sur le sujet de l'année, réutilisables dans les dissertations);
- 18 heures : pause, décompression;
- 19 heures : apprentissage des fiches HGG;
- 20 heures : repas, pause;
- 21 heures : langues (thèmes grammaticaux et vocabulaire);
- 22 h 30 : revue des fiches culture générale;
- 23 heures : coucher.

Pour ce sprint final, le préparationnaire devient plus que jamais l'acteur de sa préparation. À ce titre, et même si nous ne l'encourageons pas, si l'étudiant estime devoir « sécher » les cours pour optimiser son programme de révision, il peut le faire en connaissance de cause, en fonction de son avancement dans le programme des deux années.

Préparer les entretiens

Les entretiens clôturent (ou presque) le périple. Il est intéressant, voire étonnant, de constater que même s'ils représentent près de la moitié des coefficients, les entretiens sont souvent peu préparés dans le cadre de la « prépa », tout au plus quelques simulations d'entretiens pendant les deux années de cours.

Découvrez nos conseils de préparation à l'adresse www.prepa-hec.org/concours/entretiens.

Stages et cours particuliers : la réussite assurée ?

L'histoire des instituts privés et des cours particuliers est intrinsèquement liée à celle des classes préparatoires : dès l'origine, des officines privées ont substitué ou complété l'enseignement dispensé en « prépa », avec pour objectif la réussite au concours présenté. Attention : ne confondez pas ces stages et cours particuliers avec les « prépas » privées. Si elles fonctionnent sur le même principe qu'une « prépa » publique, elles sont sous contrat avec l'État et payantes.

Les offres

Différentes offres sont disponibles sur le marché de l'accompagnement scolaire pour les étudiants de classe « prépa ». Parmi les principales, citons :

- les cours dispensés par des étudiants de particulier à particulier ;
- les cours dispensés par des étudiants dans le cadre d'une société ;
- les établissements spécialisés ;
- les stages.

Attention aux arnaques : renseignez-vous sur l'étudiant choisi. Il ne faut pas hésiter à lui demander des références et à prévoir dès le départ un volume d'heures ainsi que la possibilité d'arrêter sans frais, si l'on n'est pas satisfait. Si l'on choisit de passer par un établissement, la lecture attentive des différentes clauses du contrat s'impose avant de s'engager.

Comment choisir ?

Suivi

L'établissement doit proposer un suivi adapté aux besoins, aux horaires (par exemple cours le week-end) et aux méthodes de travail du préparationnaire : suivi personnalisé, travail en groupe, cours à domicile ou dans l'établissement, etc. La « prépa » impose déjà un emploi du temps chargé. Ces cours ou stages doivent donc apporter un « plus » méthodologique, sans nuire au travail en « prépa ».

Coût

Loin d'être négligeable, le coût de ces préparations intensives, stages ou cours particuliers peut représenter plusieurs milliers d'euros de frais supplémentaires. Les cours particuliers à domicile peuvent bénéficier du régime fiscal des services à la personne permettant de déduire 50 % du montant des cours de ses impôts ou de ceux de ses parents. Les stages et autres formules de suivi personnalisé ne sont pas ouvertes à ce type de réduction.

Intérêt

Le principal intérêt de ces cours et stages réside dans l'acquisition de méthodes de concours, notamment en mathématiques. On y bénéficie de l'expérience des professeurs, souvent eux-mêmes passés par la « prépa » et les concours. Ces enseignants dispensent leurs conseils et techniques employés lors des concours, les principaux pièges, les questions et exercices récurrents, les théorèmes et démonstrations à connaître. Étant parfois commentés et enseignés différemment, ces cours particuliers permettent de mieux comprendre certains points clés des cours.

Ceux ayant des difficultés de méthode et de rédaction dans des matières clés (mathématiques ou l'HGG/AEH) apprécieront l'aide apportée par ces stages et cours en la matière, notamment en première année. En effet, en raison d'un programme chargé, tout ce qui concerne la méthode est souvent moins abordé par les professeurs de « prépa ».

Certains étudiants mettent aussi en avant l'intérêt (discutable ?) de pouvoir accéder à des informations importantes, comme les sujets probables des concours. Légende urbaine ou réalité, le sujet revient chaque année, avec des arguments tels que la présence de certains concepteurs de sujets parmi les professeurs de ces établissements. Nous ne nous prononcerons pas sur ce sujet et vous laisserons seuls juges !

Enfin, les stages de langues à l'étranger pendant les vacances offrent la possibilité de travailler une matière souvent négligée pendant l'année. Cependant, pour qu'ils soient vraiment bénéfiques, mieux vaut privilégier les organismes proposant des stages « spécial "prépa" ». On y travaille sur les points de grammaire, de vocabulaire et de civilisation, fondamentaux pour la réussite aux concours.

Retrouvez sur le forum une discussion consacrée à cette question : http://livre.prepa-hec.org/liens.

En dépit de tous leurs avantages, ces stages et cours particuliers ne suffisent pas pour assurer la réussite du succès. Certes, ils apportent un « plus » méthodologique grâce à l'acquisition de techniques de travail, d'analyse et de résolution plus efficaces, redonnent confiance et remotivent. Cependant, le préparationnaire ne doit compter que sur ce seul appui. L'autonomie s'avère également indispensable. Il est d'ailleurs fortement déconseillé de prendre régulièrement plus de deux ou trois heures de cours particuliers par semaine. Bien sûr, il existe de nombreux exemples et contre-exemples d'étudiants ayant réussi leurs concours sans stages ni cours particuliers, et d'autres ayant échoué malgré le suivi de préparations personnalisées. Une fois de plus, le préparationnaire reste l'acteur de sa préparation : il sera seul devant sa copie le jour J.

Le tableau suivant présente les principaux établissements.

Pour l'ensemble des matières	*Pour les langues*
Stages IPESUP Intégrale Stages et cours CAP HEC AURLOM OPTIMAL Cours CLAPEYRON Stages ISTH	LEC (stage linguistique) IPEC CAP HEC Cours Capitole

À retenir

Filière sélective et atypique, la « prépa » est l'objet de nombreux mythes parfois effrayants pour les lycéens, au premier rang desquels vient l'intégration.

L'enseignement, avec des matières variées, est d'une grande qualité, mais aussi très exigeant. De nombreux élèves appréhendent la notation « prépa », ainsi qu'une charge de travail conséquente, voire insurmontable. C'est là l'un des points clés de la réussite en classe préparatoire : savoir s'organiser, gérer ses priorités – et s'y tenir – et profiter pleinement des opportunités qu'elle offre, comme les « colles » ou la disponibilité des professeurs.

Enfin, une bonne hygiène de vie, l'aide de ses proches lors des phases de démotivation et une détermination à atteindre le but fixé permettront d'aborder au mieux les concours, et plus généralement ces années de préparation intenses, mais si enrichissantes.

Chapitre 5

Les concours

Les concours représentent l'étape la plus importante pour un préparationnaire. Les deux ans de classe préparatoire sont entièrement dédiés à ces épreuves qui permettront aux grandes écoles de commerce de sélectionner les étudiants qu'elles voudront accueillir. Les épreuves écrites et orales permettent de mesurer de nombreux critères qui distinguent les candidats dotés du potentiel pour devenir de bons managers : capacité d'apprentissage, de rédaction et de synthèse, logique, rigueur, aptitude à réfléchir et à exprimer clairement ses idées à l'écrit comme à l'oral, en français comme dans deux autres langues, sens critique, ouverture d'esprit, culture, etc.

Les professeurs de classes préparatoires soulignent tous la survenance de bonnes et moins bonnes surprises chaque année au concours : certains obtiennent des résultats sensiblement supérieurs ou inférieurs à leur niveau général pendant les deux ans de « prépa ». Ce phénomène s'explique notamment par l'importance de chaque détail aux concours et par l'avantage décisif sur d'autres élèves du même niveau qu'offrent une stratégie et une préparation adaptées.

Ce chapitre vise à donner des informations pratiques sur les concours, mais aussi et surtout à vous aider à mettre toutes les chances de votre côté pour réussir cette étape clé.

S'inscrire aux concours

En pratique

Les concours se déroulent en plusieurs phases, dont voici un calendrier indicatif :

- décembre-janvier : inscription aux concours ;
- avril-mai : épreuves écrites ;
- de début à mi-juin : publication des résultats d'admissibilité ;
- mi-juin à début juillet : épreuves orales ;
- début juillet : publication des résultats d'admission, après la fin des oraux ;
- fin juillet : saisie, puis résultats des choix d'affectation.

Il est important de bien réfléchir en amont à sa stratégie d'inscription aux concours. Dès l'été précédent l'entrée en seconde année, la réflexion sur le choix des écoles présentées s'impose. Plusieurs critères appuient cette démarche de l'étudiant : son niveau au sein de sa classe préparatoire (et les statistiques de réussite des années précédentes), le calendrier des concours afin d'optimiser les épreuves communes, le coût d'inscription, l'objectif (le candidat est-il prêt à « cuber », c'est-à-dire redoubler sa deuxième année, en cas d'échec ou souhaite-t-il absolument intégrer dès cette année), et les coefficients pour capitaliser sur ses matières fortes.

À titre d'exemple, voici les épreuves des principales écoles en 2009 sur http://livre.prepa-hec.org/liens (tableaux actualisés). Et pour connaître les frais d'inscription aux grandes écoles de commerce, visitez www.concours-bce.com et www.ecricome.org.

Les frais d'inscription et les calendriers représentent une contrainte. Il serait donc à la fois très onéreux et contre-productif de vouloir absolument passer toutes les épreuves. En conséquence, le préparationnaire doit effectuer des choix et trouver un certain équilibre. Typiquement, certains étudiants s'inscrivent à un nombre trop important d'écoles et deviennent admissibles à beaucoup d'établissements dont ils ne passeront pas les oraux. D'autres visent trop haut (par exemple uniquement le trio HEC-ESSEC-ESCP Europe) et ne sont admissibles nulle part. C'est toujours dommage, car même et surtout s'ils ont l'intention de « cuber », une expérience des oraux représente un « plus » certain. Certains enfin, se sous-estimant, visent « trop bas » et sont facilement admis à la meilleure école présentée, sachant pertinemment qu'ils auraient pu décrocher mieux en passant plus de concours.

Chaque étudiant doit élaborer sa propre stratégie suivant son niveau et les écoles qu'il souhaiterait intégrer. Il ne faut pas hésiter à renoncer à certaines épreuves pour alléger son calendrier, car, comme nous le verrons, pendant les écrits, l'endurance compte beaucoup ! Le choix du centre d'examen aussi reste très personnel. Il s'agit de passer les épreuves dans l'endroit le plus commode, afin de ne pas ajouter de nouvelles contraintes comme de longs déplacements fatigants avant les épreuves.

La réussite aux concours passe donc par une stratégie d'inscription individualisée et adaptée. N'hésitez pas à demander conseil autour de vous, à des professeurs bien sûr, mais aussi et surtout à des personnes ayant vécu la même situation les années précédentes.

N'hésitez pas à exposer votre situation dans la partie « Concours » du forum sur www.prepa-hec.org/forum/concours-bce-ccip-ecricome-f15.html afin de recueillir un maximum d'avis et d'éviter tout écueil avant de s'inscrire aux concours.

Les écrits

La pression

Il s'agit ici de montrer en quelques jours les connaissances et la capacité de réflexion développées durant ces deux ans de dur labeur ! Cet enjeu met évidemment beaucoup de pression sur les épaules des candidats. Si elle est positive à bien des égards, cette pression ne doit pas être excessive pour ne pas faire perdre ses moyens devant la copie. Les « concours blancs » ainsi que la succession de contrôles et de « colles » aident les étudiants à s'habituer à une certaine tension, même si leur enjeu est moins important. Le premier jour des écrits, la pression est évidemment autrement plus importante et il convient de garder certaines choses à l'esprit pour relativiser l'enjeu. La plus importante de toutes est que l'on ne joue pas sa vie sur chaque épreuve !

D'une part, rater une épreuve n'est pas dramatique, dans la mesure où elle fait partie d'une banque et que cet échec ne disqualifie le candidat que dans les écoles ayant choisi cette banque d'épreuves. D'autre part et surtout, ce n'est pas éliminatoire. Il est très tentant d'abandonner après un supposé échec, mais il s'agit d'un très mauvais calcul. De nombreux candidats sont admissibles en ayant obtenu moins de cinq sur vingt à une épreuve. De plus, quand une épreuve est extrêmement difficile, l'harmonisation des corrections et la nécessité de dégager une notation discriminante – la concentration des notes ne présente aucun intérêt, car le but du concours est la sélection – rendent possible l'obtention d'un résultat correct, voire très bon, tout en n'ayant réussi qu'un ou deux exercices de l'épreuve. Il faut donc aborder les épreuves les unes après les autres, en ne tenant compte de ses échecs que pour éventuellement corriger sa préparation et son comportement, mais sans le prendre comme une pression supplémentaire.

L'endurance

C'est une évidence : mieux vaut éviter tout déséquilibre qui pourrait nuire à son état de forme lors des concours. Deux à trois semaines d'épreuves sont longues et très éprouvantes psychologiquement, car la concentration est très élevée devant la copie. Il faut donc essayer d'être endurant, bien gérer son sommeil pour ne pas être épuisé au bout de trois jours d'épreuves et manger sainement pour éviter toute faiblesse physique. Avant tout, cela signifie qu'il faut éviter tout excès nuisible à la concentration.

Plancher pendant quatre heures avec un mal d'estomac est très inconfortable et ne met pas dans les meilleures conditions pour réussir l'épreuve ! Vous aurez beau avoir suivi tous les conseils des nutritionnistes en ayant ingéré ce qu'il faut de sucres lents apportant de l'énergie, cela ne sert à rien si l'on s'est resservi deux ou trois fois de la mousse au chocolat à midi et qu'elle reste sur l'estomac !

Enfin, certains conseillent de ne pas travailler le soir la veille des épreuves, arguant que c'est inutile et fatigue le candidat. Tout dépend de la personnalité et de la façon de travailler de l'étudiant. Si cette ultime révision n'empiète pas trop sur le sommeil, lui permet de se rassurer et de se remémorer certaines leçons, cela peut s'avérer bénéfique.

L'organisation matérielle

Ici non plus, rien ne doit être laissé au hasard. Le but de la préparation aux écrits est de tout faire pour n'avoir à penser qu'à l'épreuve, et à rien d'autre. Par conséquent, il est indispensable de prévoir à l'avance tout le matériel nécessaire aux épreuves, en double ! Oublier une bouteille d'eau le jour de l'épreuve n'est pas grave, mais se retrouver en difficulté parce que son stylo a lâché et que l'on n'en a pas d'autre est irrecevable. Ces conseils peuvent paraître évidents, mais lors de la dernière ligne droite avant les écrits, on ne pense pas toujours à tout. Aussi, mieux vaut préparer son matériel à l'avance et éviter les achats de dernière minute.

L'organisation matérielle signifie aussi tout prévoir pour arriver à l'heure et serein aux épreuves. Il faut toujours conserver une marge de sécurité. Ainsi, il est dommage de se stresser, parce qu'on ne connaît pas la salle où se déroule l'épreuve ou que le bus est en retard. Le premier jour surtout, il importe de prendre de l'avance pour repérer l'itinéraire et le centre d'examen. Un itinéraire de secours doit être prévu au cas où un incident retarderait le bus ou le métro. Enfin, il faut acheter ses titres de transports à l'avance. Payer une amende, parce qu'on n'a pas pris le temps d'acheter de billet le matin n'est pas la meilleure manière de commencer une journée aussi importante.

Le comportement devant la copie

Une fois arrivé à la table d'examen, la pression est toujours là, mais constitue davantage un moteur qu'un handicap. La plupart du temps, le sujet ressemble à ceux proposés lors des nombreux entraînements, en un peu plus compliqué ou un peu plus facile. Cependant, un jour la surprise sera sûrement un peu plus grande : un sujet extrêmement difficile, un thème un peu mis de côté... Pas de panique ! Rien n'est perdu, il faut absolument garder la tête froide et se mettre dans les meilleures conditions pour tirer sa note vers le haut. Enfin, il faut toujours prendre connaissance du sujet rapidement dans un premier temps, afin d'identifier rapidement les questions dont on connaît les réponses.

Quelle que soit l'épreuve, si l'on manque de temps vers la fin, mieux vaut essayer de répondre rapidement à un maximum de questions que de s'attarder trop longtemps sur une seule question qui n'apportera pas forcément beaucoup de points. Notez que nombre de professeurs détestent le «grappillage», cette pratique qui consiste à chercher le maximum de points là où ils sont en perdant la cohérence d'ensemble du sujet. Si l'on peut comprendre que ce soit très frustrant pour le concepteur du sujet, cette pratique s'avère payante, notamment en mathématiques. En cas de blocage à une question d'un problème, mieux vaut passer à la suite au bout de quelques minutes, car le plus important est la note finale. Il faut tout faire pour mériter un demi-point par ci, un autre par là, surtout dans la difficulté.

Par ailleurs, une rédaction claire, succincte et précise constitue également un point fort. Aller droit au but, avec des réponses bien structurées, facilite la correction et évite de n'obtenir qu'une partie des points parce que le correcteur a considéré que la réponse était floue.

Enfin, les adeptes du brouillon ayant des difficultés à terminer l'épreuve par défaut d'estimation correcte du temps de rédaction, peuvent glisser leur brouillon, précisant leur numéro de candidat, dans la copie. Cela ne marche pas toujours, mais qui ne tente rien, n'a rien!

Une fois ces semaines éprouvantes passées, enfin les vacances, éventuellement ponctuées de mathématiques et d'histoire, obligatoirement d'un suivi de l'actualité, dont au moins une partie en langue étrangère.

Les oraux

À la mi-juin, les premiers résultats des écrits sont publiés. Le tour de France du candidat commence à prendre forme. Oubliés les écrits, sauf en cas de notes exceptionnellement bonnes : retour à la case départ. Pour les oraux, les qualités requises diffèrent de celles de l'écrit. C'est l'occasion de prouver sa motivation et de décrocher l'école la plus convoitée.

Le calendrier

Présenter six écoles en moyenne semble un choix équilibré, à moins d'avoir obtenu des résultats en « prépa » justifiant d'en faire plus ou moins. Si l'on a passé beaucoup d'écoles à l'écrit et que l'on est convoqué à de nombreux oraux, il ne faut surtout pas se présenter partout ! Rien ne sert de passer dix écoles ou plus ! Il y a donc des choix à faire. Si certains conseillent de garder une école que l'on n'apprécie pas du tout pour s'entraîner, nous conseillons plutôt de se focaliser sur ses six écoles préférées et de commencer par la dernière. Si possible, l'école la plus convoitée ne doit pas être présentée en premier ni en dernier.

En pratique

Admettons que vous présentiez cinq écoles, désignées par ordre de préférence de 1 à 5 (1 étant l'école préférée, 5 celle que l'on apprécie le moins). Un bon calendrier consistera à passer d'abord la n° 5 pour s'entraîner ; puis la n° 2 et la n° 1, pour tirer encore profit de sa fraîcheur et tout donner ; enfin la n° 3 et la n° 4 pour assurer ses arrières.

Enfin, il faut prévoir du temps pour le transport, l'installation, etc. Il est important de se ménager et de ne pas être trop fatigué pour garder une concentration maximale.

Les entretiens de personnalité

Chacun adopte une méthode différente. En voici une, à adapter en fonction de son caractère et de ses envies. Ce qui compte vraiment est d'être le jour de l'entretien dans un certain état d'esprit, fort en cohérence, avec un mental tout entier consacré à un seul but : montrer que l'on est sympathique, que si ce que l'on a vécu n'est pas forcément extraordinaire, ce n'est pas pour cela que l'on est ennuyeux, et que l'on souhaite vraiment que le jury s'intéresse à nous.

En pratique

Restez ouvert à ce qui vous est proposé, voire amusé dès que c'est un peu original. Comprenez les sous-entendus et évitez la langue de bois. Pensez au candidat que vous aimeriez avoir en face de vous : vous n'attendez pas Superman, mais plutôt une personne intéressante, aux idées réfléchies, qui ne ressemble pas à un robot. N'hésitez pas à vous faire préciser un point obscur, à demander aux membres du jury ce qu'ils attendent, etc., en instaurant un vrai dialogue et non le cauchemar du recruteur, qui reçoit parfois des perroquets récitant leurs leçons.

Présentation

Une fois entré dans la salle, la tentation est forte de s'asseoir. Cependant, rester debout en attendant d'être invité à le faire ne nuit jamais au candidat. Au contraire, il peut marquer des points.

Si, dans de rares cas, le jury démarre l'entretien par des questions assez précises, la plupart du temps la première question concerne la présentation. Plusieurs stratégies sont possibles, suivant ce que l'on souhaite faire. Certains se présentent comme ils l'ont préparé, évoquant leurs points forts sous forme de monologue. D'autres, ne sachant pas précisément quoi répondre, se contentent d'égrener leur état civil.

Le problème fondamental de cette question est qu'elle est assez générale, mais la réponse attendue pas forcément. Il est en effet difficile de savoir ce que veut le jury – s'il veut vraiment quelque chose ! Expérience scolaire ? Voyages ? Projet professionnel ? Motivation pour intégrer l'école ? Comment choisir quel thème aborder et de quelle façon ? Une méthode efficace consiste à guider le jury vers des terrains propices, sans jamais lui donner l'impression que c'est l'étudiant qui mène la barque. Si l'on évoque de but en blanc certains thèmes de prédilection, le jury cherchera immédiatement à savoir ce que l'on veut cacher, sans s'intéresser à ce que l'on souhaite valoriser.

Une bonne présentation commence par un (très) bref état civil pour lancer le sujet et une courte description du parcours suivi. Puis le candidat demande au jury quels thèmes il souhaite voir abordés, en suggérant plusieurs sujets parfaitement maîtrisés. Par exemple : « *Voulez-vous que je développe mes expériences professionnelles ou plutôt mes voyages à l'étranger ?»* Une question fermée guide le jury tout en le laissant choisir les thèmes de l'entretien. Évoquer un sujet où l'on a une faille (un sport figurant sur le CV sans être vraiment pratiqué) s'avère ici suicidaire. Puis les questions s'enchaînent, qu'elles soient banales ou à piège.

Nous ne reviendrons pas en détail sur l'élocution, le sourire, bref l'apparence, pour lesquels des conseils pertinents existent par ailleurs (livres et surtout les proches, qui peuvent faire passer des entretiens blancs). Se montrer intéressant et crédible apporte des points en entretien. Certains prennent des risques pour essayer de toucher le «jackpot», mais l'originalité à tout prix peut rapporter un dix-huit un jour, mais six le lendemain. En revanche, le sérieux et la maîtrise des sujets abordés permettent d'obtenir plutôt au minimum un quinze.

Mensonge

Tous les livres et les intervieweurs le disent : surtout pas de mensonges à l'entretien ! C'est à la fois vrai et faux. Même s'il faut préférer l'enrobage, en transformant une chose banale en expérience hors du commun, il peut arriver d'avoir à mentir. Mais pas dans l'improvisation : le mensonge doit rester indétectable. Le candidat doit avoir réponse à tout, ne pas se trahir par son comportement ou des contradictions, ni se montrer irréaliste.

Vous n'avez jamais eu d'expérience dans tel ou tel domaine ? Il faut se fabriquer une pseudo-expérience très solide en écoutant attentivement le récit très détaillé d'une personne qui l'a vécue. Le mensonge représente toujours un risque, souvent inutile. C'est pourquoi aucun doute sur sa capacité à tenir jusqu'au bout et à rester crédible n'est autorisé.

Justification de son choix

À la question du jury, «*Pourquoi souhaitez-vous intégrer notre école ?*», plusieurs réponses sont envisageables. Si vous n'avez pas vraiment envie d'y aller, mais craignez le refus de vos trois premiers choix, vous serez bien content d'avoir cette école en bouée de sauvetage et une alternative au «cubage». Dans ce cas, il faut donc mentir, mais avec modération.

En pratique

Un candidat admissible à ESCP Europe, EM Lyon, Edhec, Audencia et ÉCRICOME passe les entretiens à Grenoble. Cet établissement serait son cinquième choix, devant les ÉCRICOME.

Réponse à éviter : « *J'aimerais intégrer Grenoble pour son positionnement technologique ; ce sera mon premier choix parmi les écoles que j'ai présentées.* »
Cette réponse n'est pas très crédible. Évidemment, le jury pense que son école est formidable, mais n'est pas naïf. Il sait qu'entre Grenoble et une école parisienne, l'immense majorité des candidats fera le premier choix.

Exemple de réponse efficace : « *Évidemment, si je suis admis à l'ESCP Europe ou à l'EM Lyon, j'irai dans l'une de ces deux écoles* (ce qui est normal dans l'esprit des correcteurs). *Si je ne les ai pas, et que j'ai toutes les autres, j'hésiterai entre Grenoble et l'EDHEC* » (s'ensuit une comparaison des points forts et des points faibles entre les deux pour justifier cette hésitation).

Cet exemple est transposable à toutes les écoles qui ne sont pas forcément le premier choix du candidat, à condition de le justifier. La mise en compétition de Grenoble avec l'EDHEC peut être crédible et le correcteur de Grenoble sera flatté d'être mis à ce niveau. Le plus important est qu'en agissant ainsi, l'étudiant donne envie au jury de lui faire préférer cette école ! Les candidats plus culottés peuvent même introduire plus ou moins discrètement une notion de classement au concours, qui conditionnerait la possibilité de choisir une option souhaitée. Si le message passe, à force de subtilité, c'est gagné : ce n'est presque plus le candidat qui passe l'entretien, mais le jury qui met tout en œuvre pour convaincre ce dernier de venir.

Qualités et défauts

Voilà un point parmi les plus épineux. Sans être parfait, aucun étudiant ne se résume à trois défauts ni à trois qualités. Comment savoir quelles caractéristiques valoriser sans paraître prétentieux ou se décrédibiliser ? On ne peut en effet avouer être paresseux, violent, ou doté d'un sens de l'humour irrésistible. Pour le jury, le seul intérêt de cette question est de voir comment le candidat la traite. Parler de son perfectionnisme, d'une exigence obsessionnelle ou d'une gourmandise exacerbée (même si cela peut parfois passer) mène droit dans le mur. Pour s'en sortir, le mieux est d'indiquer des défauts non contradictoires avec son travail. La clé consiste à penser d'abord au jury. Ces professionnels ont eux aussi des défauts : mauvaise organisation, retard régulier, etc. Les petits défauts non rédhibitoires sont légion. Le mieux est de gagner des points en crédibilité en mettant en avant une caractéristique positive démontrable de suite (résistance au stress, timidité) ou vécue dans ses expériences. Cela doit mettre le jury en confiance, souvent inconsciemment, et le pousser à croire l'étudiant et donc croire en lui pour la suite de l'entretien.

Questions au jury

La question du jury, «*Avez-vous des questions à nous poser?*», est assez difficile. Il est même préférable de ne pas en avoir prévu avant l'entretien, à moins de s'assurer de plusieurs choses :

- tout le monde ne va pas la poser;
- le candidat ne connaît pas la réponse avant;
- le jury sait y répondre;
- elle présente un intérêt.

L'idéal consiste à penser à cette question en début d'entretien, quand les interlocuteurs se présentent. S'ils ne le font pas, leur demander de le faire à la fin peut paraître téléphoné, mais c'est sûrement ce qu'ils attendent. Si toutefois ils se présentent bien au début, le candidat doit repérer une profession qui l'intéresse, une originalité qui l'interpelle, etc., servant d'excellent prétexte à la discussion.

Au pire, mieux vaut ne pas poser de question à la fin, en expliquant que ce n'est pas la peine, car on a obtenu toutes les informations souhaitées, par exemple. Le principal est de ne pas répondre par un simple non qui sous-entend que l'on n'y a pas réfléchi.

Les mises en situation

Parfois, au beau milieu de l'entretien, une question déstabilisante et imprévisible surprend le candidat. Le but de cette épreuve s'explique aisément : l'étudiant a montré qu'il était rodé, le jury souhaite donc voir ce dont il est capable, vérifier que le naturel ne revient pas au galop ou ne contredit pas ce qu'il a affirmé plus tôt. Une règle essentielle : rester zen. Le candidat a donné l'impression d'être un peu triste ? Le jury lui demande de raconter une histoire drôle ! Le jury essaye de le déstabiliser ? L'étudiant doit faire l'innocent ! Il faut donc montrer que l'on comprend le message.

En pratique

Prenons l'exemple d'un jeu de rôle où le jury demande au candidat d'imaginer qu'il vit telle ou telle situation, puis ajoute au fur et à mesure des détails et péripéties qui obligent l'étudiant à poursuivre sa réflexion. Surtout, évitez de vous arrêter avant la fin, en demandant explicitement au jury où il veut en venir. Il a envie de s'amuser ? Allons-y ! C'est lui qui fixe les règles : s'il préfère estimer la capacité de concentration et de maîtrise de soi du candidat, au lieu de l'écouter raconter ses balades à poney en quatrième, c'est ainsi ! Un jury se rappellera davantage d'un candidat qui a répondu « *Pourquoi pas ?* » quand on lui a demandé plus ou moins explicitement s'il accepterait de passer une nuit avec Sophie Marceau (cas véridique), que d'un autre qui a débité son parcours scolaire.

Les sujets

De nombreuses écoles présentent des spécificités quant aux entretiens, avec par exemple un sujet à présenter sur un thème d'actualité, de débat, une citation, etc. Nous ne décrirons pas ici les modalités particulières de chaque école, qui évoluent régulièrement. Qu'il s'agisse d'interviewer un membre du jury, de développer une réflexion sur un thème ou une citation, le plus important est de bien garder en tête ce que le jury attend du candidat. Ces sujets à présenter constituent une partie de l'épreuve moins classique et moins facile à préparer que l'entretien, car on ne connaît pas à l'avance le thème et ne peut donc préparer les réponses. Pourtant, il n'y a pas lieu de s'inquiéter. Cette partie de l'épreuve vise le même objectif que l'entretien de personnalité, sauf que là, tout le monde part d'un pied d'égalité (expériences hors du commun et éventuels mensonges sont inutiles).

Comme pour le reste de l'entretien, il faut faire preuve d'ouverture, de calme, etc. Il faut en outre savoir organiser son raisonnement, préparer un plan avec une introduction et une conclusion. Le candidat idéal présente ainsi son exposé de façon structurée, argumente le pour et le contre de sa position, tout en indiquant les arguments qu'il partage et ceux qu'il réprouve.

Si possible, les idées « extrémistes » sont à bannir. On peut ne pas être conformiste, mais exposer des idées misogynes par exemple représente forcément un risque conséquent. Si l'on sait que certaines opinions déplaisent à la majorité du jury, mieux vaut s'abstenir de les exposer. En revanche, l'originalité est la bienvenue ! On peut puiser ses arguments et exemples dans son expérience personnelle, ses lectures, ses loisirs, etc. C'est le moment opportun pour faire partager sa culture, ses goûts, et se démarquer de la masse des candidats sortant des lieux communs, étayés par des exemples mille fois rabâchés. Il faut prendre parti, révéler ses opinions sur le sujet, qui s'appuie sur des éléments concrets et non une simple intuition.

Vous trouverez sur http://livre.prepa-hec.org/liens des exemples de sujets posés à des entretiens de concours.

Les oraux de langue

Quelle importance ?

Les oraux de langues ont un coefficient souvent moins élevé que les entretiens de personnalité, mais restent essentiels. En effet, si l'on est admissible de justesse, réussir cette épreuve est indispensable pour espérer remonter le plus de rangs possibles. Les sujets sont en général classiques, portant sur l'actualité ou sur la culture de la civilisation étudiée. Lire *The Economist* et *Newsweek*, ou leurs équivalents dans d'autres langues, constitue un bon moyen de se préparer.

Il faut se montrer particulièrement attentif aux éditoriaux. En effet, il est fréquemment demandé au candidat non seulement de traiter le sujet, mais aussi de prendre position. L'argumentation des éditorialistes étrangers, les tournures employées, le vocabulaire ou le plan sont autant d'aspects qui peuvent inspirer pour dérouler son plan devant l'examinateur. Si la maîtrise de la langue est importante, la manière de réfléchir l'est tout autant ! De nombreux candidats ayant une maîtrise excellente de la langue ont pourtant des résultats décevants, car leur argumentation révèle une préparation faible ou un manque de relief. Il ne s'agit pas seulement d'un examen de langue, mais d'abord d'un oral, sanctionnant donc les aptitudes à s'exprimer, paraître à l'aise, débattre et convaincre, etc.

Si l'on n'est pas bon en langues ou tombe sur un sujet que l'on ne maîtrise pas, inutile de céder à la panique : il faut essayer de se rattraper sur les autres points, de paraître convaincu et enthousiaste, pour montrer que malgré des points faibles, on dispose également d'atouts de taille. Ceci peut inciter l'examinateur à faire preuve de mansuétude.

La question du mensonge

L'examinateur a tout pouvoir : il juge les candidats et n'hésite donc pas à ajouter quelques points à une personne qui l'a convaincu ou au contraire dégrader la note d'un candidat « mou ». Susciter la sympathie ou l'antipathie permet donc de faire passer un candidat moyen d'un dix sur vingt peu flatteur à un douze, voire plus, ou au contraire à un huit, voire moins. Autant de points essentiels au moment de connaître son classement et donc ses chances d'être admis ! Alors, comment gagner quelques points de plus ?

Les correcteurs et les professeurs ont parfois du mal à l'admettre, mais le mensonge joue parfois un rôle. Même si cela se vérifie moins souvent que pour l'entretien de personnalité, la question du mensonge se pose aussi pour les langues. Les examinateurs demandent souvent au candidat s'il est déjà allé dans un pays où la langue qu'il enseigne est parlée. Une réponse négative peut parfois être ou moins explicitement reprochée. Voilà une réaction pour le moins contestable, dans la mesure où cela s'explique souvent par des questions matérielles. En outre, cela ajoute un handicap supplémentaire par rapport aux candidats ayant, eux, déjà voyagé dans ces pays, et souvent dotés par conséquent de facilités pour s'exprimer dans la langue.

Si l'on n'a jamais voyagé et n'envisage pas de le faire avant la rentrée, il suffit de pouvoir le justifier, ou... d'inventer. Certains professeurs seront sans doute choqués de lire cela, mais c'est l'expérience d'anciens candidats au concours qui parle. Tout comme en entretien de personnalité, le mensonge ne s'envisage pas sans un maximum de précaution ni une extrême rigueur. Si le jury se rend compte de la supercherie, c'est rédhibitoire. À moins d'avoir une large marge d'avance – auquel cas, autant passer pour quelqu'un de niveau moyen et rester honnête –, on perd des centaines de places au classement.

Il faut donc trouver un mensonge le plus réaliste possible : là encore, mieux vaut puiser dans l'expérience d'un proche. La partie « leçon de vie » (ce que l'on en a appris, ce qui a choqué ou surpris, ce que l'on a aimé ou détesté, les différences culturelles, etc.) s'avère primordiale, car tout l'intérêt de raconter une telle expérience consiste à montrer que l'on en a retiré quelque chose, si possible culturellement plus profond que la conduite à gauche en Grande-Bretagne, par exemple.

Les autres oraux

HEC, l'ESSEC et l'ESCP-Europe convoquent les candidats à une date précise pour les oraux, à l'inverse des autres écoles qui permettent de s'inscrire à la date souhaitée par le candidat, dans la limite des places disponibles. Elles proposent aussi des épreuves différentes.

HEC

HEC ne fait pas passer d'entretien de personnalité. Cette épreuve est remplacée par un oral baptisé « face-à-face ». Les candidats occupent plusieurs positions, à tour de rôle : « convaincant », « répondant », « observateur ». Chaque candidat tire au sort un sujet qu'il prépare pendant environ un quart d'heure. Le « convaincant » est le premier à parler. Il présente le sujet qui lui a été attribué et doit très rapidement exposer sa thèse et son opinion. Le « répondant » est ensuite appelé à répondre, soit pour abonder dans le sens du « convaincant » (mais avec d'autres arguments), soit pour réfuter sa thèse. Le « répondant » ne connaît pas le sujet du « convaincant » avant l'épreuve. S'ensuit un dialogue pour tenter de parvenir à un accord entre les deux participants. Les « observateurs » n'interviennent pas, prennent des notes, puis exposent leurs conclusions sur le débat, la prestation et les arguments des deux protagonistes.

Outre ce « face-à-face » et les deux épreuves de langues, HEC propose des épreuves d'histoire (ou d'économie, selon la filière du candidat), de culture générale et de mathématiques, qui s'apparentent aux « colles » que le préparationnaire a dû effectuer durant les deux années de son cursus.

L'ESSEC

Outre l'entretien de personnalité et les oraux de langues, l'ESSEC fait passer aux entretiens des « tests d'aptitude ». Il s'agit d'une épreuve d'endurance, où les candidats « planchent » à l'écrit sur des centaines de question de logique, de réflexion, de vocabulaire, etc. Cette épreuve n'exige pas de connaissances spécifiques. Néanmoins, il est important de s'y préparer en se testant sur quelques exemples au préalable afin de ne pas être surpris devant l'épreuve et d'en comprendre les mécanismes.

L'ESCP Europe

L'école prévoit un entretien de personnalité, deux épreuves de langues, ainsi qu'une épreuve orale de mathématiques (ou d'analyse économique, selon la filière du candidat).

Conseils pratiques

La tenue

Certaines choses peuvent paraître anecdotiques, mais influer considérablement sur l'évaluation du jury lors de l'entretien. Nous avons évoqué plus haut le fait d'attendre d'être invité à s'asseoir par le jury. La tenue vestimentaire est un autre point clé à ne pas négliger. Pour les hommes, le débat sur la cravate renaît chaque année : certains candidats n'en portent pas et se disent capables de l'assumer et de le justifier. D'autres en portent une décorée d'un motif fantaisie. Attention : porter une tenue classique et sobre ne signifie pas refouler sa personnalité et passer pour conformiste. L'entretien sert justement à dévoiler la personnalité du candidat au jury. Adopter une tenue appropriée à ce type d'occasion montre à ce dernier que l'on comprend les règles du jeu et le respecte. On se met ainsi déjà un peu dans la peau du jeune diplômé qui passe des entretiens d'embauche à sa sortie d'école. Ne pas respecter ces codes peut se justifier et constituer un atout dans certaines situations, mais c'est toujours un risque qui en moyenne est très clairement perdant.

La connaissance de l'école

Autre conseil utile : prendre un maximum de renseignements sur l'école présentée. Pour être efficace, cette démarche doit aller beaucoup plus loin que la seule lecture de la plaquette de l'établissement. Évidemment, le jury s'attend à ce que le candidat connaisse les points forts de l'école, notamment ceux de la plaquette. Mais le petit « plus » qui fait la différence consiste à se renseigner auprès des étudiants chargés de l'accueil des candidats : connaître une filière peu connue ou le nom précis de l'association que l'on souhaite intégrer fait marquer des points lors de l'entretien de personnalité (et même parfois lors des oraux de langue !). Cet échange avec les étudiants permet aussi de « sentir » quelque peu l'ambiance de l'école et de donner une première idée sur sa capacité à bien s'intégrer dans sa future vie étudiante sur le campus.

La procédure d'inscription SIGEM

Une fois les oraux passés, le « top ten » personnel élaboré, reste une dernière « épreuve » : suivre la procédure d'inscription SIGEM (Système centralisé de Gestion des affectations des Écoles de Management) recourant aux épreuves de la Banque Commune d'Épreuves (BCE) ou de la Banque ÉCRICOME[11]. Ce dispositif est obligatoire : aucune inscription ne peut se faire directement dans une école. Les candidats doivent donc absolument respecter les instructions pour pouvoir intégrer l'une des écoles où ils sont admis directement ou inscrits sur liste complémentaire. Notez que la procédure d'affectation diffère pour les concours d'admission parallèle Passerelle et Tremplin.

Faisons un point sur l'acompte d'inscription puis les quatre étapes de la procédure. Les dates indiquées ici sont fictives, car elles varient chaque année.

Pour connaître les dates, consultez le site consacré aux affectations SIGEM, www.sigem.org.

Acompte d'inscription

Un acompte unique d'inscription de 800 euros est exigé pour s'inscrire à ce dispositif centralisé, quel que soit le nombre d'écoles auxquelles

11. AUDENCIA, CERAM, EDHEC, EM Lyon, ENSAE, ENAss, ENS Cachan, ESC Amiens, ESC Bordeaux, ESC Brest, ESC Chambéry, ESC Clermont-Ferrand, ESC Dijon, ESC Grenoble, ESC La Rochelle, ESC Le Havre, ESC Lille, ESC Montpellier, ESC Pau, ESC Reims, ESC Rennes, ESC Rouen, ESC Saint-Étienne, ESC Toulouse, ESC Troyes, ESCEM Tours-Poitiers, ESCP-Europe, ESM Saint-Cyr Lettres, ESM Saint-Cyr SES, ESSEC, Euromed Marseille, HEC, ICN, IECS, INSEEC, INT Management, ISC, ISCID, NEGOCIA.

le candidat est admissible. Cette somme est ensuite déduite des frais de scolarité de l'école intégrée. L'acompte doit être envoyé par chèque bancaire ou postal libellé à l'ordre de SIGEM, entre le 19 juin et le 26 juin, le cachet de la poste faisant foi.

Ce chèque est encaissé fin juillet uniquement si le candidat est affecté dans l'une des écoles où il a été déclaré admis directement, ou inscrit sur liste complémentaire. Dans le cas contraire, il sera détruit. En cas de démission de l'élève, le montant reste acquis par l'école à laquelle il a été affecté (choix d'affectation effectué, candidat affecté mais qui ne s'inscrit pas dans l'école).

Lors de l'envoi du chèque d'acompte, le candidat doit y coller au dos l'étiquette autocollante que SIGEM lui aura adressée avec l'enveloppe d'envoi portant les coordonnées d'une boîte postale spéciale. Le candidat doit affranchir son courrier au tarif lettres urgent. Le recommandé ou le suivi sont inutiles, la réception du chèque par SIGEM étant vérifiable sur Internet.

Étape 1 : inscription SIGEM, paiement en ligne (du 18 juin au 2 juillet)

Le 18 juin, le candidat reçoit sur l'e-mail transmis aux banques d'épreuves BCE ou ÉCRICOME son numéro d'identification SIGEM et son mot de passe personnel.

Entre le 18 juin et le 2 juillet, le candidat doit s'inscrire sur le site Internet www.sigem.org.

- Identification avec le numéro SIGEM et le mot de passe.
- Acceptation de la procédure SIGEM en reconnaissant avoir pris connaissance de l'ensemble de la procédure SIGEM.
- Saisie des coordonnées bancaires (numéro de carte bancaire, date d'expiration et cryptogramme) qui seront utilisées, exclusivement en cas d'affectation définitive à une école, pour le paiement de l'acompte sur droits de scolarité de 800 euros. Le site est sécurisé par un cryptage SSL.

Étape 2 : saisie des choix d'affectation (du 16 juillet à 11 heures au 18 juillet à 16 heures)

Le candidat doit obligatoirement effectuer sa saisie des choix d'affectation parmi les écoles où il est admis directement et/ou inscrit sur liste complémentaire sur le site Internet www.sigem.org.

- Identification avec le numéro SIGEM et le mot de passe.
- Choix de maintien de la candidature : le candidat exprime son souhait de se maintenir ou non dans l'une au moins des écoles présentées et qui l'ont admis ou placé en liste complémentaire. Une réponse négative indique qu'il ne souhaite maintenir aucune école et qu'en conséquence, il ne souhaite en intégrer aucune.
- Choix de maintien des écoles : si le candidat a souhaité se maintenir dans au moins une école, il précise s'il choisit de se maintenir ou non pour chaque école où il a été déclaré admis ou en liste complémentaire. En choisissant oui pour une école, il s'engage à intégrer cette école s'il y est affecté par SIGEM. Dans le cas contraire, il se désiste de cette école pour la session et ne pourra en aucun cas y être affecté.
- Choix des écoles par ordre de préférence d'intégration : le candidat indique l'école de son premier choix, puis son deuxième choix et ainsi de suite. Les chances d'intégrer une école ne dépendent que du classement du candidat dans cette école, en aucun cas de la position de celle-ci dans l'ordre des préférences exprimées par le candidat. Il convient donc que le candidat indique son choix de préférence réel, sans se soucier de son classement dans chaque école. Il sera ainsi affecté dans l'école de son premier choix si son classement le permet, sinon dans celle qu'il a classée en deuxième choix, etc. Attention : pour l'ESC Lille, le candidat peut choisir entre le site de Lille ou celui de Paris, ou les deux, voire intercaler d'autres écoles entre les deux s'il le souhaite.
- Confirmation des choix réalisés à l'étape précédente. Si le candidat ne les confirme pas, il revient à l'écran précédent.

Étape 3 : vérification de la saisie des choix d'affectation (du 18 juillet à 19 heures au 20 juillet à 19 heures)

Le candidat doit vérifier que sa saisie d'affectation a été correctement enregistrée par SIGEM.

- Identification avec le numéro SIGEM et le mot de passe.
- Affichage des choix effectués : si le candidat considère que ses choix ont été correctement enregistrés, il valide ses choix. Dans le cas contraire, il doit en informer SIGEM par télécopie[12] et par lettre recommandée[13] en indiquant ses véritables choix. Une photocopie lisible d'un document officiel d'identité du candidat doit obligatoirement être jointe au fax et au courrier, puis le récépissé de la lettre recommandée délivré par La Poste doit être faxé.

Étape 4 : résultats des affectations (24 juillet à 14 heures)

Les résultats sont publiés le 24 juillet à 14 heures. Les affectations aux écoles sont définitives et ne peuvent être modifiées, quelle que soit la raison.

Le candidat reçu est affecté à une école en fonction de la priorité de ses choix. L'école lui adresse par courrier un dossier d'inscription. L'acompte sur droits de scolarité de 800 euros est automatiquement débité à l'issue de la procédure SIGEM.

En revanche, si le rang du candidat ne lui permet d'intégrer aucune des écoles qu'il a classées, il n'est affecté à aucune école. L'acompte sur droits de scolarité n'est pas débité.

Cinq cas de figure

Contrairement à certaines idées reçues, la chance d'intégrer une école ne dépend que du rang du candidat dans cette dernière, et absolument pas du rang de celle-ci dans le classement du préparationnaire. Il convient donc d'indiquer son véritable ordre de préférence

12. Au 05 59 92 33 26.
13. À l'adresse : SIGEM BP 7512 - 64075 Pau Cedex.

d'intégration. Classez en premier l'école dont vous rêvez, même en cas de classement moyen. Cela ne diminue en rien ses chances d'intégrer l'une des autres écoles où l'on s'est maintenu et pour lesquelles la préférence d'intégration est moins forte. Tout candidat admis ou placé sur une liste complémentaire correspond à l'un des cinq cas de figures suivants.

Le candidat a choisi de n'intégrer aucune école cette année

Le candidat est admis directement dans les écoles C et D et inscrit sur liste complémentaire des écoles G, H et I. Il doit donc renoncer aux écoles C et D, ainsi que G, H et I.

Le candidat est uniquement admis directement

Le candidat est uniquement admis directement dans les écoles A, D, E et F. Il rêvait depuis toujours d'intégrer E, où il s'inscrit en inscrivant le nom de l'établissement dans la case « choix 1 ». Inutile de mentionner d'autres choix...

Le candidat est admis directement et inscrit sur liste complémentaire

Ici, deux situations peuvent se produire.

Le candidat est admis directement dans l'école A, son rêve depuis toujours, ainsi que dans les écoles B et C et sur liste complémentaire dans les écoles D, E et F. Aucune de ces écoles ne lui plaît autant que l'école A. Il s'inscrit donc dans l'école A en inscrivant le nom de l'établissement dans la case « choix 1 ». Le candidat est affecté de droit à l'école A.

Le candidat est admis directement dans les écoles A, B, et C et inscrit sur liste complémentaire dans les écoles D, E, F, G, H et I. Il préfère l'école C et renonce donc aux écoles A et B. Concernant la liste complémentaire, il renonce aux écoles E, G et H, qui lui plaisent moins que l'école C. Il ne retient que les écoles D, F et I, qui lui plairaient plus que l'école C si, par le jeu des désistements, il était finalement admis dans l'une d'elles. Il indique ensuite son ordre de préférence décroissant, en terminant par l'école C, où il est d'ores et déjà admis :

- choix 1 : école F (liste complémentaire) ;
- choix 2 : école I (liste complémentaire) ;
- choix 3 : école D (liste complémentaire) ;
- choix 4 : école C (admis).

On peut ainsi classer autant d'écoles que souhaité, à condition d'y être inscrit sur la liste complémentaire. Dans notre exemple, le candidat sera affecté si possible en F, sinon en I, sinon en D, et sinon en C, compte tenu des places publiées et non occupées par des candidats mieux classés que lui dans les écoles F ou I ou D.

Le candidat est uniquement inscrit sur liste complémentaire

Le candidat est uniquement inscrit sur liste complémentaire dans les écoles A, D, H, I, etc. Il renonce à l'école A, qui ne lui plaît pas et ne retient que les écoles D, H, I, etc., où il aimerait être affecté si, par le jeu des désistements, il y était finalement admis. Puis, il indique son ordre de préférence décroissant :

- choix 1 : école H (liste complémentaire) ;
- choix 2 : école I (liste complémentaire) ;
- choix 3 : école D (liste complémentaire) ;
- choix 4 : etc.

On peut ainsi classer autant d'écoles que souhaité, à condition d'être inscrit sur la liste complémentaire. Dans notre exemple, le candidat sera affecté si possible en H, sinon en I, sinon en D, etc., si son rang le permet. Attention : dans le pire des cas, il ne sera affecté nulle part, au cas où son rang ne suffit dans aucune de ces écoles.

À retenir

Aboutissement de deux années d'intense préparation, les concours sont le passage obligé de tout préparationnaire qui souhaite intégrer une grande école. Ils exigent bien plus qu'un ensemble de connaissances et une bonne capacité à les restituer. Une bonne préparation et une bonne stratégie constituent autant d'atouts qui permettent de se classer devant un nombre considérable de candidats à l'écrit tout d'abord, où seule l'impression du correcteur compte et fera la différence. L'idée la plus importante à retenir lors de ces écrits, c'est que ce correcteur possède un pouvoir de discrimination très important ; en dehors de la qualité même de la réflexion et des connaissances de l'étudiant, mettre toutes les chances de son côté pour le satisfaire et glaner le moindre point permet d'obtenir des résultats saisissants, surtout si on les additionne épreuve après épreuve. À l'oral, le niveau théorique s'avère encore plus nivelé. L'apparence, encore davantage importante, doit donc faire l'objet d'une préparation extrêmement intense.

Chapitre 6

L'école, une période de choix

L'entrée à l'école annonce une étape de repos et de plaisir méritée après deux, voire trois longues années d'intense labeur. La fin de la « prépa » marque le véritable début de la vie d'étudiant et laisse enfin à chaque élève la possibilité de s'épanouir, dans un contexte bien plus léger que celui de la préparation des concours. Une fois l'école intégrée, on acquiert une certaine liberté : finie la pression des futurs concours et l'absence d'emprise sur l'avenir. C'est l'heure des initiatives pour décider librement du choix de carrière à envisager, tout en vivant trois ou quatre années rythmées par les amis, les associations, l'ambiance festive, ainsi que la découverte progressive du monde du travail et des opportunités inhérentes à celui-ci.

Ces décisions revêtent une certaine importance, aussi convient-il de ne pas les prendre à la légère. Chaque étudiant doit, dès la classe préparatoire, effectuer plusieurs choix qui influenceront sa vie professionnelle future en tant que jeune diplômé : ceux-ci doivent être faits de manière éclairée, en essayant de se projeter dans l'avenir, et de chercher à découvrir ce qu'on envisage de « faire plus tard ». Des décisions prises tôt en école de commerce peuvent faciliter la recherche d'un premier stage, le choix d'un secteur d'activité et, à terme, l'embauche à l'issue du cursus.

Ce dernier chapitre vise à vous aider à faire ces choix avant et pendant l'école, en toute connaissance de cause, afin de bien s'orienter au long du cursus ; comprendre les véritables enjeux des décisions éventuelles ; enfin prendre conscience de l'utilité de l'école de commerce, qui ne se résume pas à des cours et à des soirées, mais est surtout un moment d'apprentissage de la vie adulte et de préparation au monde du travail.

N'oubliez pas : l'école donne un diplôme, mais ce dernier n'a que la valeur de ce que l'on y a mis. Les deux années de « prépa » constituent l'essentiel de cette valeur, mais en école, on a l'occasion d'y ajouter beaucoup. Les cours, les langues étrangères, la connaissance du secteur d'activité visé, ainsi que les stages sont autant d'éléments primordiaux pour son choix de carrière et pour les opportunités ouvertes dès la sortie de l'école.

Choisir son école

Le but premier de la « prépa », au-delà de l'intégration en ESC, est surtout de parvenir à intégrer la meilleure école possible, en adéquation avec ses propres objectifs et ambitions. Aussi, quand vient le moment du choix de l'école *via* les vœux SIGEM, chaque étudiant doit se poser de nombreuses questions sur son cursus. Par exemple :

- Faut-il forcément choisir l'école la mieux classée ? Quelle est l'importance des classements ?
- Dans l'école que j'envisage d'intégrer, existe-t-il un programme correspondant exactement à mes attentes dans un domaine précis ?
- Dois-je chercher un programme d'études spécifique à l'étranger, comme un accord d'échange ou un double diplôme, pour travailler dans un pays en particulier ?
- Les associations en école doivent-elles être un critère de choix déterminant ?

Nous allons ici examiner les différents critères pouvant faire la différence entre diverses écoles lors de l'admission. Certains sont des critères importants, d'autres moins. Voici les principaux éléments à prendre en considération avant de choisir son école.

Retrouvez la liste des écoles ainsi que leurs fiches descriptives sur www.prepa-hec.org/ecoles.

Classements des ESC : quelle importance ?

Comment procéder ?

Les classements des écoles de commerce – et plus largement des *business schools* européennes et mondiales – font souvent la une de nombreuses revues d'affaires ou d'études, suscitant débats et polémiques à chaque publication. On accuse souvent les journalistes à l'origine de ces classements de ne pas connaître suffisamment le monde du travail, de ne pas avoir tenu compte de certains critères, ou encore de ne pas les avoir assez pondérés.

Toutefois, malgré les nombreux classements, souvent contradictoires, publiés chaque année, on peut dégager de grandes tendances quant à l'évolution des écoles, ainsi que des constantes qui semblent toujours vérifiées, autant sur le marché du travail que dans le choix des préparationnaires à l'issue des concours. Donc, plutôt qu'une hiérarchie très nette entre chaque école, mieux vaut mieux faire une « moyenne » des divers classements publiés – certains réputés plus sérieux que d'autres – et classer en termes de « groupes » d'écoles, qui correspondent à une réalité concrète plus souvent observée sur le marché du travail. Le classement de l'école peut s'avérer important – voire crucial – pour certaines carrières. Il revêt très souvent une importance sur le salaire à l'embauche, en particulier dans les grandes entreprises françaises.

Trois grandes familles

On distingue trois grandes familles d'écoles.

- Le premier groupe est constitué des « Parisiennes », c'est-à-dire le trio de tête constitué d'HEC, de l'ESSEC et de l'ESCP Europe (aussi appelée « Sup de Co Paris »). S'y ajoutent souvent l'EM Lyon et l'EDHEC (Lille/Nice). Toutefois, il existe une barrière entre les « Parisiennes » et ces deux dernières, visible sur les grilles de salaires de certaines entreprises, mais surtout à l'embauche dans les grands cabinets de conseil en stratégie.
- Le groupe suivant est constitué d'écoles classées immédiatement derrière. On retient en général Audencia, Grenoble École de Management, ainsi que les écoles de Rouen, Reims, Toulouse, Marseille et l'ICN de Nancy.

- Le dernier groupe est constitué d'écoles ouvrant difficilement accès aux postes sélectifs, mais membres de la CGE.

En général, le classement importe surtout entre deux groupes d'écoles séparés. La limitation exacte entre ces groupes reste toutefois sujette à débat, et de nombreuses discussions ont régulièrement lieu entre différents intervenants sur Internet – en particulier sur le forum de www.prepa-hec.org – pour savoir si une école doit appartenir à un groupe en particulier. Toutefois, certaines hiérarchies restent toujours valables : c'est l'intérêt du classement moyen des écoles, qui traduit assez bien la situation.

Rang	*École*	*Rang moyen*	*Le Figaro*	*L'Étudiant*	*Le Point*	*Challenges*
1	HEC	1	1	1	1	1
2	ESSEC	2	2	2	2	2
3	ESCP Europe	2,75	2	3	3	3
4	EM Lyon	4	4	4	4	4
5	EDHEC	5	5	5	5	5
6	Audencia	7,25	6	6	7	10
7	ESC Grenoble	7,25	6	6	6	11
8	Euromed Management	7,75	8	8	9	6
9	ESC Toulouse	9,5	9	11	10	8
10	ESC Rouen	10,75	11	8	8	16
11	ESC Reims	11,75	12	10	12	13
12	ESC Bordeaux	12,75	15	12	9	15
13	TEM	13,75	16	16	16	7
14	CERAM	15,5	13	15	13	21
15	ESCEM Tours-Poitiers	16,25	10	14	11	30
16	ESC Lille	16,25	18	13	14	20
17	ICN	16,5	20	17	15	14
18	INSEEC	18,75	17	20	26	12
19	ESC Montpellier	19,75	14	22	21	22
20	ESC Clermont	20	16	28	17	19

Source : www.prepa-hec.org
(disponible à www.prepa-hec.org/classement et régulièrement mis à jour).

☞ Pour retrouver ce classement ainsi que de nombreux autres, rendez-vous sur www.prepa-hec.org/classement.

Important pour choisir son école, le classement n'est toutefois pas le seul critère de décision. Son impact sur la vie professionnelle future n'est pas forcément essentiel. Il faut aussi prendre en compte d'autres éléments, comme les conditions de vie offertes par l'école.

L'impact du classement sur la carrière

À sa sortie de « prépa », l'étudiant n'a souvent aucune idée du secteur d'activité et de la fonction où évoluer après l'école. Rien d'étonnant à cela : si la « prépa » constitue une excellente formation, scolaire, propédeutique et personnelle, elle n'est pas pour autant appliquée. L'ex-préparationnaire ne connaît donc pas véritablement les réalités de l'entreprise et ne sait pas ce qu'il veut faire. Il faut donc éviter de se fermer des portes dans la mesure du possible, optimiser ses chances dans tous les domaines. En effet, on peut parfaitement avoir une idée en tête en arrivant à l'école, puis changer d'avis à la sortie. Il faut donc essayer.

Grilles de salaire

Le premier élément différenciant une école d'une autre est la fameuse grille de salaire. Les grandes entreprises françaises appliquent souvent cette « règle », qui consiste à rémunérer plus fortement un diplômé issu d'une école mieux classée qu'un autre, et inversement. Les écarts de rémunération entre les « Parisiennes » et les établissements de bas de tableau atteignent souvent 10 000 euros annuels ! Dans ces conditions, l'écart de salaire peut représenter à lui seul l'équivalent d'un an de frais de scolarité. Les grandes entreprises, en particulier dans les secteurs de la banque, de l'industrie, du conseil ou de l'audit, sont les plus susceptibles d'avoir une grille de salaire.

De plus, les gratifications de stage sont également concernées : si la rémunération minimale en stage est égale au tiers du SMIC (400 euros environ), les entreprises offrent généralement un complément de salaire pour attirer les meilleurs étudiants. Et là encore, les écarts peuvent être très importants. Par exemple, un étudiant d'HEC qui effectuera son stage dans un grand cabinet d'audit percevra environ 1700 euros mensuels, tandis qu'un diplômé d'une petite école, ou de l'université, devra souvent se contenter de 1000 euros environ. Suivant les entreprises, les écarts peuvent varier fortement, avec un écart de rémunération allant du simple au double dans les grandes entreprises, contre une égalité salariale totale dans les PME.

Pour vous donner une idée des écarts de salaires entre les écoles, le classement de *L'Expansion* propose une fourchette des salaires que perçoivent en moyenne les diplômés des écoles de commerce. Ce classement est disponible sur www.lexpansion.fr/carriere/classement.

Secteurs sélectifs

Certains secteurs d'activité – conseil en organisation et en management, métiers de la banque d'affaires, marketing dans le domaine du luxe, postes à la direction financière ou marketing dans de très grands groupes – sont dits « sélectifs ». Les jeunes diplômés – et même les stagiaires – voulant y travailler sont triés sur le volet et doivent montrer patte blanche pour intégrer la filière. Pour cela, il faut en général être diplômé d'une école prestigieuse, avoir un cursus irréprochable et des expériences en dehors du simple parcours scolaire et professionnel.

En pratique

Le conseil en stratégie, par exemple, ne recrute que des étudiants issus des « Parisiennes » dès la sortie de l'école. Dans la banque d'affaires, les postes les plus attractifs (*front office* en salle de marchés – les fameux *traders* et *sales* – et le département des fusions-acquisitions) sont en général « trustés » par les étudiants issus des cinq premières écoles.

Échanges

Pour beaucoup de personnes, l'école offre la première occasion de passer une période longue et en solitaire à l'étranger. Les étudiants y accordent une importance toute particulière et pour certains, choisir une école revient également à élire une destination d'échange.

Précisons donc quelques points à savoir. Ainsi, même s'il peut indiquer ses préférences, l'étudiant ne choisit jamais la destination d'échange lui-même. En outre, un échange prestigieux ne constitue pas vraiment un « plus » sur un CV et le futur employeur y accorde peu d'importance. Surtout, quelle que soit la destination, on y trouve toujours son compte : on n'a jamais vu un étudiant revenu malheureux de son échange ! En conséquence, les échanges ne sont pas déterminants dans le choix d'école.

Double diplôme

Le double diplôme peut s'avérer crucial dans le cadre d'un projet professionnel précis. Si l'on est intéressé par un pays en particulier, avec l'intention d'y faire une carrière, il est utile de considérer ces programmes qui permettent, tout en étudiant en France, de terminer son cursus dans un pays étranger, dans une université étrangère, afin d'y occuper son premier emploi une fois le diplôme en poche. Obtenir un diplôme d'université étrangère, *a fortiori* après avoir passé généralement un an dans le pays, constitue un excellent moyen de s'intégrer au marché du travail local.

Cette option est également appréciée des employeurs français : un diplôme étranger est un gage d'adaptabilité, de maîtrise d'une langue étrangère, et de capacité éprouvée à travailler dans un environnement multiculturel. Ces éléments commencent à avoir de l'importance dans certains métiers, et le double diplôme semble le bon moyen d'acquérir, puis de faire valoir ces compétences une fois sorti de l'école.

Cependant, être reçu dans une école ne signifie pas automatiquement que l'on suivra ce programme de double diplôme ! Choisir une école sur ce seul critère peut s'avérer un piège, si jamais d'aventure l'étudiant ayant postulé pour ce seul programme était recalé.

Choisir une école, c'est choisir une ville

Beaucoup d'écoles ont un niveau similaires : par exemple, on compare très souvent les ESC de Grenoble, Reims, Rouen et Toulouse. À ce niveau, choisir une école revient avant tout à élire le cadre de vie qu'elle offre. À niveau égal entre plusieurs écoles, il convient donc de choisir sa ville ! Le meilleur moyen de se décider consiste à prendre le temps de visiter celles où l'on passe ses oraux. Il est important de passer un peu de temps dans chaque ville et de bien s'imprégner de l'esprit de l'école où l'on est admissible. Pour beaucoup, l'école est une question d'ambiance : se sentir bien là où l'on va passer deux à trois ans est primordial.

Le mythe des spécialités d'école

On entend souvent dire d'une école qu'elle a une spécialité particulière dans tel ou tel domaine. Cependant, cette spécialité est en général illusoire et relève davantage du pur marketing que d'une réelle plus-value pour l'étudiant, même si l'école investit réellement dans un domaine (recherche en finance, entreprenariat, etc.). Les différences liées au classement auront probablement un impact largement supérieur sur une carrière qu'une prétendue spécialité.

Le monde du travail en France est très hiérarchisé, codifié, avec des grilles de salaire précises. Certaines entreprises vont même jusqu'à refuser d'embaucher des étudiants issus d'écoles qu'ils jugent trop mal classées ! Les classements et les grilles de salaires sont généralement le critère numéro un pour différencier deux candidats « sur le papier » : à ce titre, les spécialités réelles ou supposées de l'école ne sont qu'assez secondaires, étant donné que le prestige de cette dernière sera l'élément clé pour convaincre employeur, ...

En outre, les cours en ESC ne constituent qu'un apport relativement peu important en termes de formation et d'employabilité. En effet, l'essentiel de la formation professionnelle est fait *via* des stages, des expériences associatives, des rencontres avec les professionnels sur le campus, des colloques et séminaires sur divers thèmes professionnels, ainsi que la culture personnelle acquise à la bibliothèque de l'école, en étudiant des livres dédiés à sur la spécialité vers laquelle on souhaite se diriger.

L'intégration

L'entrée en école se fait d'abord et avant tout sous le signe du plaisir. Nous allons aborder ici tous les aspects sympathiques de l'ESC. Partons donc à la découverte des week-ends d'intégration, des associations et des soirées !

Le week-end d'intégration (WEI)

Le WEI constitue un rituel immuable dans les grandes ESC. En début de première année, le nouvel intégré trouve là l'occasion de partir faire la fête durant deux ou trois jours avec toute sa promotion. Il fait ainsi connaissance des autres étudiants dans une ambiance détendue et propice aux échanges. Le plus souvent, toute la promotion part en « train disco » (wagons aménagés en piste de danse !) dans un village de vacances (typiquement dans le sud de la France).

Après le voyage, des activités sont proposées par le bureau des élèves (BDE). Il s'agit souvent de jeux en équipe, afin que chacun puisse faire connaissance. D'autres activités comme du saut à l'élastique ou un spectacle de vachettes font aussi régulièrement partie des festivités. Le week-end s'écoule ainsi : jeux la journée, repas en commun et fête le soir, avant le retour en « train disco ».

Le coût du WEI varie selon les années et les écoles, mais oscille souvent autour de 150 euros pour un étudiant cotisant au BDE.

Comme dans les soirées étudiantes classiques (lire plus loin), l'alcool coule à flots lors du WEI. Les soirées sont souvent dites « open bar », dès le « train disco ». Certains parents, voire des étudiants peuvent être effrayés, à juste titre, par la perspective de quatre soirées consécutives alcoolisées, entrecoupées par des journées où les jeux et les activités sont aussi souvent prétexte à boire. Cependant, la réalité est beaucoup plus nuancée. Certes, l'alcool est omniprésent et toujours disponible, mais personne n'est obligé de boire et chacun gère sa consommation. Tous les ans, quelques élèves dépassent leurs limites, mais les accidents sont rarissimes. Les BDE sont responsabilisés et interviennent, le plus souvent aidés de la Croix-Rouge dès qu'un étudiant ne se sent pas bien. Cette vigilance prévient les accidents et tout réel danger.

Heureusement, la grande majorité des étudiants sait respecter ses limites physiologiques. D'ailleurs, personne n'est forcé de consommer de l'alcool et l'abstinence ne gêne nullement l'intégration. Au contraire, c'est l'occasion de s'organiser dans les jeux d'équipe pour que chacun fasse les épreuves qui lui correspondent le plus.

Les associations les plus courantes

Si la plupart des écoles ont des associations spécifiques, certaines existent presque partout.

Le BDE

Le BDE est une association centrale dans la vie de l'école. Véritable institution chargée d'organiser les soirées et les événements festifs de l'école, elle dispose d'un budget important, se chiffrant souvent en centaines de milliers d'euros. C'est aussi l'association qui recourt le plus au démarchage publicitaire pour identifier des sponsors. Très prisé, le BDE est extrêmement compétitif en termes de recrutement. De nombreuses listes s'affrontent pour obtenir le mandat de l'année suivante.

Le bureau des arts (BDA)

Le BDA organise les événements culturels de l'école. Très orientée musique, théâtre et événements ponctuels, cette association occupe une place un peu à part dans la vie de l'école, mais fort importante. Souvent chargé par des extérieurs de promouvoir leurs événements, le BDA distribue également des informations publicitaires et des réductions pour des concerts ou des pièces de théâtre aux étudiants. Cette association proche du monde culturel recrute généralement par liste.

Le bureau des sports (BDS)

Le BDS gère la vie sportive de l'école. Il organise généralement des événements ponctuels, comme les compétitions sportives inter-écoles, ainsi que la vie sportive quotidienne (activités sportives organisées sur le campus, en coopération avec l'administration de l'école et les professeurs de sport). Cette association recrute sur liste ou par cooptation suivant les écoles.

La junior entreprise (JE)

La JE est en contact permanent avec différentes entreprises de la ville et de la région où se trouve l'école. Chargée de réaliser des études et des travaux marketing, elle gère également la distribution des « missions JE » (lire plus loin). Ses membres ont accès prioritairement aux missions et reçoivent parfois un salaire dans le cadre de leurs travaux. Contrairement à une idée reçue, ils ne sont pas salariés ni même forcément payés régulièrement. Dans la plupart des écoles, ils sont payés ponctuellement dans le cadre des missions. Cette association recrute sur liste ou par cooptation suivant les écoles.

Les associations thématiques

Il existe enfin des associations à thème qui recrutent généralement par cooptation. Portées sur des segments plus spécifiques, elles gèrent un budget moins important et sont consacrées à un événement très précis (week-end au ski, événement sportif particulier, etc.) ou simplement orientées vers des centres d'intérêts personnels ou professionnels (association d'œnologie ou de finance, etc.). Généralement moins connues, elles sont moins demandées que les précédentes, sauf exception, comme le Petit Paumé, créé en 1968 au sein d'EM Lyon. Les associations très demandées recrutent par liste, mais la grosse majorité fonctionne par cooptation.

Campagne et cooptation : le recrutement des associations

Les associations se renouvellent à un rythme rapide : les étudiants se succèdent et ne se ressemblent pas. Chaque année, une promotion d'étudiants chargée d'une association part et est remplacée par une autre. Cette rotation s'effectue autour de deux événements clés, généralement au printemps : la campagne et la cooptation. Suivant les associations, le mode de recrutement diffère, tout comme les exigences en termes d'investissement personnel.

La campagne

Les associations recrutant par liste fonctionnent de façon spécifique. Les étudiants souhaitant y adhérer doivent former des « listes » contenant un certain nombre de personnes qui veulent succéder aux membres actuels de l'association, dont certaines sont appelées à occuper des fonctions particulières au sein de celle-ci : président, trésorier, etc. Les listes vont se concurrencer et lutter pour décrocher la timbale.

Ces listes doivent généralement effectuer un nombre de tâches données – comme construire une sculpture géante en l'honneur de leur liste – et surtout se préparer pour convaincre les autres étudiants – qui votent – d'en élire une à la tête de l'association. La campagne est éprouvante (recherche de financements et de sponsors, etc.) et la concurrence peut être rude. Il peut y avoir jusqu'à cinq listes en concurrence, voire plus pour une même association.

La préparation pour la campagne dure plusieurs mois, pendant lesquels l'équipe de chaque liste se réunit fréquemment pour élaborer son programme et rechercher des financements. La campagne en elle-même dure généralement quelques jours. Suivant les calendriers de mandats associatifs, la campagne peut se produire au printemps ou en automne, pour une prise de mandat quelques mois plus tard. Ce sont généralement les équipes en place qui supervisent le déroulement de la campagne pour les listes cherchant à leur succéder.

La cooptation

C'est l'autre forme de recrutement des associations, c'est-à-dire qui ne recrutent pas par liste. Elles proposent des postes et font passer des entretiens aux candidats. La cooptation est beaucoup moins exigeante que la forme précédente et permet souvent aux listes ayant raté leur campagne de rejoindre une autre association. En conséquence, la cooptation est souvent organisée après l'élection des listes.

Les soirées étudiantes

Les fameuses soirées étudiantes des ESC ont la réputation avérée d'être souvent très arrosées. Organisées toutes les semaines ou tous les quinze jours, elles visent à réunir autant d'étudiants que possible dans une salle réservée, avec un « open bar ». Même si elles peuvent être excessives sur le principe, ces soirées ne sont finalement pas si différentes de celles de « prépa ». Et comme pour les WEI (lire plus haut), un étudiant qui ne souhaite pas boire ni même aller à l'une de ces soirées ne sera pas mal intégré ou mal considéré par la suite. Des soirées en comité plus restreint et beaucoup plus calmes sont également organisées et ont les faveurs d'un public de plus en plus important au fur et à mesure que leur scolarité avance.

Au final, qu'il aime les grosses soirées ou pas, chacun trouve sa place et ses amis en école. S'intégrer en ESC s'avère spontané, facile et naturel. Entre les associations, les travaux de groupe, les soirées et les nombreux événements organisés par l'école, on se fait rapidement de nombreux amis et on expérimente l'ambiance très sympathique des grandes écoles.

La construction d'un profil

Entrer en ESC signifie d'abord et avant tout se forger un profil professionnel : le but de l'école est de donner les outils permettant aux étudiants d'accéder à l'emploi et aux postes d'encadrement en particulier. Toutefois, ce milieu est hautement compétitif, tout comme en « prépa ». Pour accéder aux meilleurs postes – une compétition très rude –, il faut se forger un profil adapté aux emplois ciblés tout au long du cursus en ESC.

Voici les différents éléments déterminants de la future carrière de l'étudiant. Ils lui permettront de s'adapter pour développer les aptitudes les plus appréciées des employeurs, afin de décrocher l'emploi de ses rêves.

Spécialité

Il peut sembler évident de penser que pour viser une catégorie de métier, il faut développer une spécialisation y correspondant. En revanche, il est de moins en moins évident d'avoir une véritable « spécialité » dans un domaine précis. En effet, de plus en plus d'écoles proposent des « parcours à la carte », où l'étudiant est libre de suivre les cours de son choix, sans nécessairement avoir à choisir entre une spécialité et une autre. Les anciennes mentions de diplômes, qui attestaient que l'étudiant avait bien suivi les cours de la filière finance ou marketing, ont disparu de beaucoup d'écoles.

Cela dit, les recruteurs y accordent plus ou moins d'importance. La mention d'une spécialité sur un diplôme n'est donc pas primordiale. Avant tout, ce sont les cours suivis en école qui comptent et surtout la capacité à convaincre en entretien et à faire comprendre que l'enseignement a permis d'acquérir les connaissances de base pour occuper un poste à niveau junior dans le domaine souhaité.

La spécialité d'école permet non seulement à l'étudiant de s'intéresser à un secteur d'activité précis, mais aussi de se renseigner davantage sur cette spécialité, en apprenant en cours quels livres majeurs traitent du sujet. Il est donc capital de faire des lectures personnelles, de rencontrer des professionnels du secteur et de chercher des informations sur Internet pour recueillir le plus d'informations possible sur le secteur visé.

Premier secteur d'emploi

On répète souvent aux jeunes diplômés que leur premier secteur d'activité influe sur toute leur carrière. Ainsi, un étudiant qui a démarré sa carrière à un poste au marketing dans le monde des jeux vidéo pourra difficilement se tourner ensuite vers l'audit interne dans une banque ! Aussi, est-il important de bien cerner ses goûts pour s'engager dans une voie et connaître ses opportunités d'emploi par la suite. Le choix d'une spécialité ne se fait donc pas au hasard. Dans un monde où les connaissances sont de plus en plus spécifiques, il faut cibler un domaine d'activité précis et développer son profil en fonction. Une bonne connaissance du secteur, facteur clé de succès en entretien, permet de briguer un type de poste précis en entreprise.

L'ouverture internationale

On entend souvent dire qu'il est capital de « s'internationaliser » et indispensable pour réussir d'être « international ». Cela est partiellement vrai. Autant la connaissance des cultures étrangères est capitale dans le monde d'aujourd'hui, autant seuls 20 % environ des diplômés d'ESC travaillent en dehors de l'Hexagone. Les étudiants fâchés avec l'anglais peuvent donc s'épanouir en France, dans un environnement adéquat, travailler dans leur langue maternelle et réserver les langues étrangères aux vacances.

Toutefois, certains secteurs spécifiques, comme la finance, requièrent une certaine ouverture internationale, en particulier vers le monde anglo-saxon. On y exige une maîtrise parfaite de l'anglais oral et des capacités rédactionnelles (rédaction de rapports ou de documents de travail intégralement en anglais). De même, tous les métiers nécessitant d'échanger avec des clients et fournisseurs de tous les pays (achats, etc.) exigent un bon niveau d'anglais.

Par ailleurs, la plupart des entreprises apprécient particulièrement les diplômés ayant séjourné à l'étranger pendant leur cursus, que ce soit en stage ou en échange. De plus, la maîtrise d'une langue rare ou de deux langues étrangères (qualité très peu commune) peut constituer un sésame très intéressant pour décrocher certains postes.

L'ouverture internationale passe donc d'abord et avant tout par les langues. Difficile d'effectuer un stage dans un pays dont on ne connaît pas la langue, *a fortiori* d'y décrocher son premier emploi ! De surcroît, les langues étrangères apportent une excellente preuve d'ouverture et de capacité de travail et séduisent les recruteurs.

Une fois en école, l'apprentissage d'une langue étrangère supplémentaire, le perfectionnement de celles que l'on connaît déjà, et surtout l'amélioration de l'anglais sont essentiels. Il est également utile de prouver ses compétences linguistiques *via* des examens comme le TOEFL[14] ou le TOEIC[15] pour l'anglais. Non seulement cela prouve une maîtrise de la langue, mais également que l'on a fait le nécessaire pour le démontrer. D'ailleurs, de plus en plus d'écoles imposent de passer l'un de ces examens avec un score minimum pour obtenir le diplôme.

La nécessité de s'informer

S'informer pour bien choisir sa série de baccalauréat, s'informer pour bien choisir ses options, puis décider de ses études... Ce qui peut sembler être un poncif maintes fois répété est en réalité une vérité largement sous-estimée. Combien de personnes ratent leur première année d'études parce qu'elles n'y étaient pas préparées ? Combien d'étudiants se rendent compte que leur filière ou leur spécialité ne correspondait pas du tout à leurs attentes et à leur idée du secteur ?

Pour éviter déceptions et regrets, les étudiants doivent chercher à s'informer tout au long de leur cursus. Ceci se vérifie non seulement pour le contenu des études, le niveau exigé et la compétition à affronter, mais également pour les débouchés et les réalités du secteur d'activité où mène le parcours envisagé.

14. Test Of English as a Foreign Language.
15. Test Of English for International Communication.

Le premier vecteur d'information est Internet. En effet, de très nombreux sites Web offrent une grande quantité d'informations très utiles. Des sites comme www.prepa-hec.org, www.efinancialcareers.fr, etc., sont autant de sources particulièrement précieuses pour s'informer en détail sur les formations et surtout les postes et secteurs qui en découlent. Les questions postées sur les forums permettent aussi de recueillir des données intéressantes.

Les forums et salons «emploi et carrière» sont également un bon vecteur d'informations. Outre les salons organisés par l'école, il faut se rendre à ceux proposés par les entreprises ou les associations publiques (Talent for Luxembourg, par exemple). Ces rencontres sont des occasions uniques pour discuter directement avec des professionnels des secteurs visés qui exprimeront leur opinion directe sur le CV et le parcours de l'étudiant et pourront estimer ses chances d'intégrer une entreprise.

En général, l'école coïncide avec une période forte en termes de choix et de prises de décision. C'est l'une des premières occasions de prendre de véritables initiatives. Il ne faut donc pas hésiter à mettre cette période à profit pour s'assurer une vie professionnelle épanouie.

www.efinancialcareers.fr est un excellent site donnant de très nombreux conseils et des informations complètes sur les carrières en finance, ainsi que le quotidien des personnes y travaillant.

Financer ses études

Pour la grande majorité des étudiants, le financement des études constitue un problème ou du moins un défi à relever. Le cycle complet de scolarité peut s'élever jusqu'à 30000 euros, voire plus dans les meilleures écoles ! Si HEC offre depuis 2009 la gratuité aux boursiers, ce n'est en revanche pas le cas des autres. Passons en revue les principaux moyens de financer son école et ses dépenses de la vie courante.

Les prêts

Pour régler les frais de scolarité, la majorité des étudiants opte pour le prêt étudiant. De nombreuses banques proposent des prêts à taux préférentiels aux étudiants afin qu'ils paient leurs frais de scolarité. Les offres proposées à la rentrée sont en général très intéressantes. Récapitulons les propositions bancaires les plus courantes.

Le prêt du montant intégral des frais de scolarité

La solution la plus évidente consiste à emprunter l'intégralité de la somme due à l'école. En effet, les ESC font signer un échéancier de paiement à l'entrée en école et s'engagent à maintenir au cours de la scolarité les frais de scolarité proposés à l'admission. Ceux-ci ne peuvent donc pas augmenter en cours de cursus.

Les banques proposent en général une option de remboursement des seuls intérêts au cours de la scolarité, puis du remboursement du montant emprunté par la suite, une fois l'étudiant diplômé et doté de moyens financiers beaucoup plus importants. Le paiement des intérêts représente une somme assez facile à supporter pendant la scolarité (environ 50 euros par mois pour une scolarité à 30 000 euros et un taux à 2 %).

Le prêt progressif : la banque paie « à votre place »

Il est possible, et plus courant, de souscrire un prêt en trois parties. La banque règle les frais de scolarité chaque année au lieu de leur totalité en une seule fois et l'étudiant ne paie que les intérêts pendant la scolarité. Cette formule présente l'avantage d'être beaucoup moins onéreuse que la première en termes d'intérêts (environ 17 euros par mois la première année), et de débarrasser l'étudiant d'une partie de la paperasse administrative relative aux frais de scolarité. Certaines écoles proposent un rabais aux étudiants qui paient en une seule fois plutôt qu'à ceux optant pour le paiement échelonné en cours d'année. Il est donc plus intéressant de laisser la banque payer les frais annuels en début d'année, plutôt que de chercher à vouloir payer soi-même son école. Cette solution est très fréquemment retenue par les étudiants désireux de ne pas régler leurs frais de scolarité eux-mêmes.

En pratique

La plupart des offres bancaires proposent de nombreux autres avantages : absence de frais de compte, carte de crédit gratuite et éventuellement une somme d'argent offerte allant avec le compte courant ouvert à l'occasion de l'obtention du prêt. Attention : pour bénéficier de ces avantages ainsi que d'un taux réduit, l'emprunt doit être souscrit au nom de l'étudiant et non à celui de ses parents. Il faut rendre visite à plusieurs banques pour identifier celle proposant le service le plus intéressant. De nombreux étudiants changent de banque lors de l'entrée en ESC, car leur établissement bancaire refuse souvent de leur faire une offre aussi intéressante que d'autres banques.

Les bourses

Si peu d'étudiants sont boursiers dans le secondaire, cela change souvent dans le supérieur. Les bourses du supérieur, octroyées en grande majorité par le CROUS, sont en effet accessibles beaucoup plus facilement que celles du secondaire, surtout si l'on a un frère ou une sœur qui y suit également un cursus.

La bourse est attribuée suite à la constitution du dossier social étudiant, généralement courant avril. Outre la demande de bourse, ce dossier inclut une demande de logement social dans les résidences publiques universitaires pour la durée de l'année scolaire. Ces résidences permettent de réaliser de sérieuses économies, car les loyers y sont beaucoup plus bas que sur le marché (25 % à 30 % de moins).

Découvrez toutes les modalités d'obtention des bourses et des logements, leurs barèmes, ainsi que les éléments constitutifs du dossier sur le site du CNOUS, www.cnous.fr). Une simulation en ligne des économies réalisables est également proposée.

Il existe d'autres types de bourses ouvertes aux étudiants du supérieur, qui ne relèvent pas du CROUS. Les bourses à la mobilité, les bourses au mérite, ou encore les bourses spécifiques de l'école sont autant de moyens de financer un départ à l'étranger ou d'arrondir ses fins de mois. Ces bourses spécifiques dépendent de la région et de l'école : là encore, il est important de s'informer pour identifier ces aides financières.

L'Aide Personnalisée au Logement (APL)

Tous les étudiants peuvent prétendre à l'APL, sans condition de revenus. Elle est versée chaque mois à condition d'en faire la demande auprès de la caisse d'allocations familiales (CAF). Cette démarche peut être faite sur le site de la CAF (www.caf.fr) en ligne après une simulation. L'APL donne droit à 170 euros par mois. Ce montant est majoré à Paris (200 euros environ), mais minoré en cas de colocation. L'APL peut également être augmentée si l'on dispose du statut de travailleur précaire, c'est-à-dire si l'on déclare un revenu annuel supérieur à zéro euro, mais inférieur à 70 % du SMIC. La demande doit être faite dès l'installation dans l'appartement, car le délai de traitement est long.

Le travail

Le meilleur moyen de gagner de l'argent reste tout simplement de travailler ! Une très grande partie des étudiants est également salariée. Selon certaines études du CREDOC[16], les étudiants travaillant dix à quinze heures par semaine pour financer leurs études s'insèrent généralement mieux sur le marché du travail, et développent un projet professionnel plus précis à l'issue de leurs études.

Cours particuliers

Le grand classique pour financer ses études est de donner des cours particuliers. Ceci est possible aussi bien en démarchant les parents d'élèves et en collant des affiches dans les lycées, qu'en passant par une institution spécialisée dans les cours à domicile (Methodia, Acadomia, etc.). Ce type de « poste » est assez facile à obtenir, surtout pour un étudiant de grande école, dont le sérieux et la motivation ne sont pas à prouver ! L'enseignement est en général rémunéré 15 euros de l'heure pour un élève de lycée, ce qui représente un salaire intéressant à condition de cumuler plusieurs heures par mois. Il est possible d'enseigner dans toutes les matières, mais la plus demandée reste

16. Source : www.credoc.fr/pdf/4p/180.pdf.

évidemment les mathématiques. Cette bête noire des élèves peut s'avérer une alliée pour parvenir à boucler son budget...

Les stages

Un certain nombre de stages sont imposés aux étudiants pendant leur cursus. Ils permettent à l'étudiant de se confronter pour la première fois à la vie de salarié à temps plein, avec un budget à respecter, des charges et des revenus, et à se projeter dans l'avenir grâce aux revenus versés.

Les stages sont en effet généralement rémunérés, bien au-delà du minimum légal qui, rappelons-le, se monte au tiers du SMIC (non-imposable), soit la somme dérisoire de 400 euros bruts mensuels. La plupart des grandes entreprises proposent aux stagiaires des ESC des « gratifications » au minimum égales à 1000 euros bruts, voire 2000 euros bruts dans certaines entreprises, si l'on est issu des meilleures écoles. Cette gratification constitue un apport de revenus complémentaire permettant non seulement de financer les dépenses quotidiennes pendant le stage, mais également de faire quelques économies ou encore de commencer à rembourser ses frais de scolarité.

La plupart des écoles imposent en général des périodes égales à dix-huit mois de stage au total, voire plus, ce qui permet d'accumuler des revenus parfois supérieurs aux frais de scolarité. On peut donc tabler sur une rémunération de 20000 euros bruts issue des revenus des stages, rendant les ESC souvent plus rentables que l'université. Dans le cadre de leurs études en faculté, les étudiants effectuent en effet souvent des stages non rémunérés. Sans parler de l'écart de salaires à la sortie, également conséquent.

Les missions JE

Comme nous l'avons vu plus haut, la JE est une association de l'école. Elle propose de courtes missions (*phoning*, retraitement de fiches marketing, saisies de formulaires, etc.) rémunérées à des tarifs assez intéressants pour finalement peu de travail. Faire partie de la JE de son école offre un accès prioritaire à ce type d'offres. Il est donc possible de payer ses études en effectuant de nombreuses missions à la JE.

Ce type de mission constitue un complément de revenus très intéressant pour un étudiant. Elles sont cependant généralement prises d'assaut, car leur rémunération horaire est élevée. Sans oublier l'absence de contraintes par rapport à un emploi fixe. Cependant, ces missions sont irrégulières. Suivant les périodes, il peut y avoir jusqu'à dix missions proposées chaque semaine ou seulement cinq en un mois. Il ne faut donc pas trop compter sur ce moyen pour payer son loyer.

En pratique

Voici deux exemples de missions JE proposées en 2009 à l'EM Lyon.

1. Mission de saisie de questionnaires :
- saisie de questionnaires papier dans un logiciel ;
- analyse et production de recommandation ;
- étude facile mais qui demande de la rapidité ;
- disponibilité dans les trois prochaines semaines ;
- être en troisième année minimum ;
- rémunération : 600 euros.

2. Mission *phoning* **:**
- administration de 45 questionnaires auprès d'entreprises de la région Rhône-Alpes ;
- objectif : étudier les attentes des entreprises concernant un nouveau logiciel ;
- questionnaires à rendre sous deux semaines ;
- rémunération : 120 euros.

L'apprentissage

Une solution très intéressante et de plus en plus demandée par les étudiants comme par les entreprises est l'apprentissage. Ce statut spécifique, qui exige d'avoir moins de 26 ans, consiste, un peu comme l'alternance, à être temporairement au travail en entreprise et temporairement en cours. Très développé dans certaines écoles comme l'ESSEC ou l'ESC Reims, il constitue une excellente façon de financer ses études : tout en bénéficiant du statut de salarié, l'étudiant se fait payer ses frais de scolarité pendant la durée du contrat (généralement deux ans) et reçoit un salaire, même pour les périodes où il est en cours !

Ces contrats assez particuliers s'avèrent un véritable soulagement financier pour l'étudiant, qui n'a plus à se soucier d'emprunter pour ses frais de scolarité ou de trouver une solution pour payer son loyer. Les apprentissages sont généralement offerts par les entreprises sur les sites des écoles. À la suite d'un processus de recrutement classique, l'étudiant peut rejoindre l'entreprise comme un salarié classique, mais retourne régulièrement dans son école pour y suivre les cours.

L'apprentissage présente deux inconvénients. D'une part, il rend le cursus relativement pénible, empêche d'aller à l'étranger et de bénéficier de certains programmes spéciaux de l'école, nécessite beaucoup d'heures de travail et peut s'avérer fatigant. D'autre part, il reste difficile à trouver. Et même si les opportunités d'apprentissages augmentent, de nombreux étudiants ne trouvent pas de contrat dans le secteur visé. Qui plus est, les métiers les plus sélectifs (finance de marché, etc.) ne proposent que très rarement ce type de contrat.

L'apprentissage reste cependant un contrat en or, qui allège considérablement le poids du financement des études, voire l'annule totalement : le salaire perçu pendant la période de travail (80 % du SMIC au minimum) permet de rembourser les dettes contractées pendant la première année et de payer tous les frais courants pendant l'apprentissage lui-même. Attention toutefois, certaines écoles ne proposent pas l'apprentissage, au premier rang desquelles HEC. D'autres, comme l'EM Lyon ou l'ESCP Europe, le font mais à des conditions draconiennes.

Trouver son premier stage

La recherche du premier stage à l'école n'est pas aussi difficile que la future recherche d'emploi. En effet, les entreprises recrutent beaucoup de stagiaires et surtout courent peu de risques de faire une erreur de recrutement à ce niveau. Toutefois, les embûches, les difficultés, et l'endurance nécessaires pour trouver un bon stage sont un avant-goût de ce qui attend l'étudiant une fois diplômé pour trouver son premier poste. Voici donc quelques conseils pour mener efficacement sa recherche de stage et surtout apprendre à postuler intelligemment et selon ses préférences.

Une démarche proactive

Réussir sa recherche de stage dépend d'abord et avant tout de la motivation et de la détermination personnelles. Il revient à l'étudiant et à lui seul de trouver son stage. En d'autres termes, c'est à lui de définir le domaine où il souhaite travailler, identifier le pays ou la ville qui l'intéresse, les entreprises qui pourraient l'embaucher, enfin sélectionner les offres correspondant à son profil, à savoir étudiant sans expérience recherchant un premier contact avec le monde de l'entreprise.

Cette démarche requiert des efforts et se déroule en plusieurs étapes indispensables :

- rédiger un CV (difficile quand on n'a pas ou peu d'expérience);
- écrire une lettre de motivation (plus facile, mais attention aux écueils);
- savoir où chercher;
- cibler des offres;
- postuler à autant d'offres que possible;
- se préparer aux entretiens.

Le premier stage est paradoxalement le plus facile et le plus difficile à trouver. En soi, la recherche s'avère facile pour les raisons suivantes : n'importe quel stage fait l'affaire; à « rater » sa première expérience n'est pas très grave; les entreprises paient peu les stagiaires débutants et n'ont pas tellement de réticences à embaucher. Cependant, cette recherche présente aussi des difficultés : l'étudiant découvre le monde du travail et de la recherche d'emploi, les CV à rédiger, les entretiens en situation réelle, etc. Finalement, il est laissé seul face à lui-même. Pour la plupart des étudiants, c'est une situation inédite. Depuis le début de leurs études, ils sont encadrés et orientés par leurs professeurs, leurs parents et leurs proches et aiguillés vers diverses voies aux contours bien définis. Il est peu probable que lors de leurs vœux d'orientation, avant de démarrer la « prépa », ils avaient déjà une idée définie des métiers auxquels s'attendre à la sortie d'une ESC...

Hormis quelques contraintes – le stage doit durer un certain temps et s'achever avant la reprise des cours – l'étudiant est totalement libre dans sa recherche. C'est là une occasion unique et inédite et souvent sa première expérience de liberté dans ses études. De fait, l'étudiant doit se montrer actif et s'y prendre tôt pour chercher des stages variés, permettant ainsi de s'entraîner à chercher des postes, à rédiger des CV et des lettres de motivation, et à passer des entretiens. Il est utile d'essayer d'obtenir plusieurs offres de stage pour avoir le choix et surtout être mieux entraîné à l'entretien.

Le CV et la lettre de motivation

Le *curriculum vitae* constitue l'élément central de toute candidature. Rédiger un CV s'avère assez déroutant : en effet, l'étudiant ne dispose probablement d'aucune expérience professionnelle pertinente pouvant l'aider à décrocher son premier stage. En dépit de son aspect un peu léger, le CV devra pourtant séduire un recruteur et lui montrer qu'il a tout intérêt à embaucher le candidat. Même si cette tâche semble à première vue très difficile, le candidat dispose ici d'un avantage de taille : il a de la place !

En effet, lister ses expériences scolaires et associatives, c'est bien, mais raconter ce qu'on y a fait, c'est mieux. C'est donc l'opportunité – difficilement renouvelée par la suite – de *tout* mettre sur son CV, dont toutes ses expériences détaillées. On peut ainsi préciser ses notes d'école et sa mention au baccalauréat, les petits boulots effectués en tant qu'étudiant, les missions JE, les options suivies en « prépa » ou en école, ses connaissances en informatique, en langues étrangères, ses loisirs, ses implications associatives, les épreuves et tests passés, voire les notions de langue vivante 3 acquises au collège... Au final, on se rend assez rapidement compte que l'on a déjà réalisé un certain nombre de choses.

La grande difficulté consiste à regrouper un maximum d'informations, puis à les valoriser. Si l'on a créé un site Web avec des amis, est-il vraiment présentable ? Comment valoriser quelques maigres compétences dans une langue étrangère ? La solution consiste à donner beaucoup d'informations détaillées et à vendre des compétences immédiatement utilisables pour se différencier des autres candidats.

La lettre de motivation n'est en général pas utilisée pour choisir des candidats, mais pour éliminer ceux dont la lettre présente des défauts majeurs (fautes d'orthographe, ton prétentieux, manque de structure et de logique, etc.). Inutile donc de chercher à rédiger une lettre percutante. Il faut rester le plus simple possible. Par ailleurs, la lettre de motivation doit mentionner le nom du récipiendaire, c'est-à-dire l'entreprise visée, et lui être adaptée. On ne peut pas envoyer la même lettre à tous les recruteurs ! Enfin, il faut créer et mettre à jour la liste des candidatures envoyées. En cas d'entretien, on sait tout de suite de quelle offre il s'agit et l'on peut se préparer efficacement.

En pratique

Voici un extrait d'une lettre de motivation à ne pas imiter. « *Qu'est-ce qui fait un bon financier ? Londres, Wall Street, La Défense : ce ne sont que des humains, et j'ai appris à connaître les humains* » (*sic*). Voilà le genre d'écueil à éviter : ton grandiloquent, phrases ridicules et surtout sans intérêt. N'essayez pas d'impressionner dans votre lettre de motivation, qui est lue en diagonale par les recruteurs. Or, ce sont eux qui prennent la décision d'embaucher, les responsables des ressources humaines ne jouant qu'un rôle d'approbation ou de rejet des candidats choisis par les opérationnels.

Où chercher ?

La recherche de stage peut se faire par plusieurs moyens, le plus courant étant les offres publiées dans la rubrique « Carrières » du site Internet de son école. Cette méthode offre le taux de réponse le plus élevé et nécessite le moins de tri et d'efforts pour savoir si l'on répond à une offre adaptée à ses compétences, etc. De plus, les employeurs ayant mis une offre en ligne sur le site cherchent des étudiants ayant exactement le profil souhaité. Par conséquent, ce type d'offre est comparativement moins pris d'assaut que celles figurant sur les sites Web des entreprises ou de recherche d'emploi.

Outre les offres du site Internet de l'école, d'autres possibilités existent. Les voici par ordre d'efficacité :

- faire fonctionner son réseau ;
- postuler *via* l'Intranet de son école ;
- postuler directement sur les sites des entreprises ;

- postuler *via* un site Web dédié à l'emploi ou à des annonces trouvées par d'autres biais sur Internet ;
- effectuer des candidatures spontanées auprès des entreprises.

Concernant le réseau, pas de panique : tout le monde en a un ! Les anciens élèves de la « prépa » (les « carrés ») vont eux aussi effectuer un stage. On peut donc les contacter pour en savoir plus et demander si leur entreprise cherche un autre stagiaire. Les amis de l'école encore en deuxième ou troisième année sont aussi de bon conseil et ont probablement des contacts dans les entreprises. Sans oublier l'accès à un annuaire des anciens élèves de l'école, qui permet de connaître les diplômés en poste actuellement, afin de les contacter pour les mêmes raisons. Faire vivre son réseau demande diplomatie, humilité et bon sens. Les collaborateurs anciens étudiants de l'école se montrent en général compréhensifs. On est parfois surpris par le nombre de réponses obtenues en faisant jouer le réseau : c'est donc une voie à ne pas négliger.

Ne pas se décourager

Le candidat doit s'armer de courage et de patience, car il est fréquent de ne recevoir que peu, voire aucune réponse aux très nombreuses candidatures envoyées. Comme l'offre publiée pour pourvoir un poste donne lieu en général à une avalanche de candidatures, la plupart des candidats sont recalés. Pourtant, il ne faut surtout pas abandonner, mais au contraire, continuer à envoyer des CV et répondre aux offres. La persévérance et l'obstination sont le meilleur moyen de décrocher un entretien. À l'instar de la recherche d'emploi, celle d'un stage est difficile et stressante. Mais cette expérience est aussi extrêmement formatrice.

Quels métiers à l'issue de l'ESC ?

La finalité des études en ESC est d'abord et avant tout d'obtenir un poste en entreprise. C'est pourquoi il importe de connaître les métiers ouverts aux étudiants à leur sortie de l'école, les salaires moyens, et la façon dont se déroulera l'insertion dans la vie professionnelle.

Pour certains, cette insertion se matérialise par un contrat signé avant la fin des études. Ce scénario est courant pour ceux qui travailleront dans l'audit, par exemple. Pour la plupart des autres, il s'agit généralement d'une recherche d'emploi classique : envoi du CV aux sites Internet d'entreprises, rencontre avec des professionnels lors des « journées carrière » de l'école, activation du réseau personnel – principalement les anciens collègues rencontrés pendant les stages – pour trouver l'offre la plus intéressante possible.

Chaque étudiant de chaque école doit passer par là pour décrocher un emploi. Ce sont d'abord les efforts personnels qui permettent de trouver du travail, pas le diplôme, qui ne constitue pas une garantie à lui seul. Il faut connaître les postes pour lesquels on présente une candidature, avoir une idée des « plus » et des « moins » de son profil, s'entraîner à convaincre en entretien, etc.

Salaires et postes

Autant casser le mythe tout de suite : on ne devient pas manager en sortant de l'école. Les gestionnaires sont des cadres expérimentés. Le titre de « cadre » cache des réalités diverses et variées, qui ne correspondent pas à l'image que l'on se fait généralement du métier. En effet, le statut de cadre correspond d'abord et avant tout à une situation légale particulière. Les cadres ne sont pas soumis à la législation « standard », car ils n'ont pas de contraintes horaires légales (trente-cinq heures), mais sont soumis au « forfait cadre », qui correspond à un nombre de jours travaillés dans l'année, peu importe le nombre d'heures.

La grande majorité des métiers à la sortie d'ESC sont des métiers de cadres, mais pas de managers. On parle souvent plutôt d'analystes, c'est-à-dire des jeunes diplômés travaillant dans un domaine précis, généralement leur spécialité d'école, et appliquant les instructions données. Leur marge de manœuvre est d'autant plus restreinte que l'entreprise est grande : si les PME sont en général très souples et laissent beaucoup de libertés à leurs employés, ce n'est pas le cas des grandes structures, où l'organisation du travail n'est pas laissée au hasard, et où chaque employé se voit assigner des tâches bien précises.

Les jeunes diplômés des ESC sont en général mieux lotis que les universitaires ou que les jeunes sans formation. Moins touchés par le chômage, inférieur à 3 % des diplômés six mois après l'obtention du diplôme, ils se voient offrir des salaires plus intéressants : la moyenne de la rémunération globale s'établit à environ 32 000 euros bruts annuels pour la France, sensiblement plus pour l'étranger.

Ces chiffres sont toutefois à relativiser : la crise économique initiée en 2008 se traduit par une augmentation du chômage, ce qui risque d'entraîner une baisse du niveau général des salaires. On observe également une stabilisation de la rémunération des jeunes diplômés au fil des ans. Ainsi, le salaire moyen de sortie s'établissait aux alentours de 200 000 francs (environ 30 000 euros) en 1998. Dix ans plus tard, le salaire avait légèrement augmenté en valeur constante, mais cette hausse ne compensait pas l'inflation : en valeur constante, le pouvoir d'achat des jeunes diplômés a baissé de 3 % sur cette période.

En définitive, la situation à la sortie d'une ESC est bonne, même si elle semble ne pas s'améliorer avec le temps. Toutefois, c'est la meilleure de tout l'enseignement supérieur : les filières courtes, comme les BTS et DUT, les filières universitaires, et même les écoles d'ingénieurs offrent des salaires plus bas et enregistrent un taux de chômage plus élevé. L'ESC reste un choix gagnant en termes d'orientation, et en dépit de son coût élevé, est préférable à la plupart des autres solutions équivalentes, telles que les IAE (Institut d'Administration des Entreprises), les écoles de commerce post-bac, ou encore l'université.

Insertion des jeunes diplômés : un marché inégal

Le marché de l'emploi des jeunes diplômés d'ESC varie fortement selon les secteurs d'activité et les fonctions visées. Ainsi, les achats ou l'audit ont le vent en poupe ; à l'inverse, les étudiants cherchant à exercer des fonctions de recherche ou dans le secteur financier, très sinistré depuis 2008, auront bien des difficultés à trouver un emploi.

De même, les salaires varient fortement suivant le secteur d'activité. Si la finance est réputée pour offrir les meilleurs salaires, le marketing rémunérerait mal. D'autres domaines, comme l'audit, offrent des rémunérations évoluant en fonction de l'école du jeune diplômé.

Par ailleurs, certains secteurs exigent du jeune diplômé d'y avoir déjà effectué tous ses stages et souvent de compléter par un VIE (Volontariat International en Entreprise) pour espérer décrocher les postes les plus en vue. À l'inverse, d'autres domaines accueillent des diplômés n'ayant effectué ni stage ni spécialisation. Les situations varient suivant les secteurs et les années, mais aussi les perspectives économiques des entreprises, qui embauchent ou dégraissent suivant leurs anticipations.

Depuis 2007, il est devenu difficile de faire des prévisions. Le contexte économique plutôt morose assombrit les perspectives d'emploi. La reprise, qui n'est pas attendue avant 2011 au moins, devrait faire remonter les chiffres de l'emploi, mais rien n'est encore certain. Pour les élèves actuellement en terminale, il s'avère extrêmement difficile de faire des pronostics. Ils chercheront leur premier emploi en 2016, après deux ans de « prépa » et quatre ans d'école et de stage ! En définitive, mieux vaut ne pas se préoccuper des prévisions économiques pour faire son choix d'orientation. D'autant que plus d'un tiers des étudiants trouvent leur contrat avant d'avoir obtenu leur diplôme. Seuls 3 % des diplômés sont toujours en recherche d'emploi six mois après leur sortie d'école.

Si le marché est inégal, les diplômés des écoles de commerce s'en sortent bien, comparativement aux diplômés des autres formations, comme précisé plus haut. La professionnalisation et l'intégration au monde du travail, par le biais des forums « carrière » et des stages, sont des outils clés assurant une intégration rapide au monde du travail.

Enfin, aucune carrière n'est figée : elle dépend davantage des premières expériences et des envies personnelles que des choix effectués durant la scolarité. Là encore, il faut se montrer curieux pour en apprendre autant que possible sur l'école, sur les opportunités qu'elle offre, pour trouver l'emploi idéal. L'information est devenue un outil crucial : de nombreuses opportunités s'ouvrent aux personnes bien informées.

À retenir

L'ESC est une période de découverte, au niveau de la formation personnelle, de la vie d'étudiant, des programmes d'échange, et du monde de l'entreprise. Ce dernier chapitre visait à présenter certains aspects importants de l'école :

- le choix de l'école en elle-même et l'importance des classements d'écoles ;
- l'arrivée et l'intégration en école, avec toutes les festivités qui accompagnent ce démarrage dans l'établissement ;
- les échanges et les doubles diplômes ;
- le financement des études ;
- les opportunités offertes à la sortie de l'école.

Toutefois, les conseils donnés ici ne sont pas à graver dans le marbre : en effet, chaque situation est unique. Une fois la « prépa » terminée, chacun est libre de mener son cursus et de s'organiser comme il l'entend. L'école offre une grande liberté à ses étudiants : mettre cette liberté à profit offre une excellente occasion de se préparer au monde du travail, ce qui est la vocation principale de l'école.

Conclusion

Du choix des études en terminale à l'entrée dans la vie professionnelle, le parcours est long et très formateur. Les auteurs de ce livre ont tous connu des étapes similaires : l'inscription à la « prépa », les deux années de travail, les concours, l'école... Mais au final, leur parcours n'est en rien identique : des « prépas » et des écoles différentes, des choix de vie et de secteur d'activité divers. C'est ce qui fait la richesse de ce cursus : malgré une apparente uniformité *a priori*, liée à cet enchaînement d'étapes assez établies, les études commerciales sont en fait un parcours où tout le monde peut trouver sa voie, son propre chemin, sans formatage ni moule réduisant l'individu à un CV ou à une étiquette « nom de la prépa + nom de l'école ».

Certaines étapes de ce processus, qui permet aussi de construire son identité et d'affirmer son caractère, paraissent parfois rebutantes. Avant d'entrer en « prépa », on pense surtout « sacrifice de deux ans de vie ». Pourtant, une fois que l'on y est, on se dit que finalement le sacrifice n'en sera un que si l'on n'arrive pas à décrocher l'école de ses rêves. Puis une fois l'école intégrée, on ne retient que les meilleurs moments de sa classe préparatoire, souvent sans regrets.

Les auteurs de ce livre travaillent dans la finance, le marketing, l'économie. Tous ont vécu dans des pays différents, effectué des stages ou des échanges dans des domaines parfois opposés. Ce livre est un condensé des conseils de chacun pour réussir son parcours suivant son caractère et ses ambitions. Il ne vise pas à conseiller de suivre un parcours précis, mais à ouvrir aux étudiants et aux lycéens le plus de portes ouvertes possibles pour faire les choix qui leur correspondent vraiment et avoir toutes les cartes en main pour réussir ce parcours.

L'expression « sortir gagnant » de ce parcours couvre de nombreux aspects autres que la réussite aux concours (même si cela en fait partie). « Sortir gagnant », c'est être heureux du chemin parcouru, se dire que différentes portes étaient ouvertes et que l'on a choisi de pousser celles qui nous ressemblaient vraiment.

Enfin, si vous vous posez des questions, que ce soit au lycée, en « prépa », en école ou même durant votre vie professionnelle, n'hésitez pas à visiter le site www.prepa-hec.org ainsi que son forum. Vous y trouverez toujours des personnes prêtes à partager leur point de vue et leur expérience pour vous donner quelques clés au moment de vous informer et de prendre des décisions essentielles.

Annexe

Annexe

Classement des «prépas» HEC voie économique (ECE)

Groupe 1

Une majorité des étudiants intègre les trois «Parisiennes» (HEC, ESSEC, ESCP-Europe) :

Nom	*Académie*
Lycée Saint-Jean (Douai)	Lille
Lycée Ampère (Lyon)	Lyon
IPESUP (Paris 4e)	Paris
Lycée Saint-Louis de Gonzague (Paris 16e)	Paris
Lycée Henri IV (Paris 5e)	Paris
Lycée Janson de Sailly (Paris 16e)	Paris
Lycée Notre-Dame du Grandchamp (Versailles)	Versailles
Lycée Hoche (Versailles)	Versailles
Lycée Madeleine Danielou (Rueil-Malmaison)	Versailles

Groupe 2

La plupart des étudiants intègre les six meilleures écoles (HEC, ESSEC, ESCP-Europe, EM Lyon, EDHEC, Audencia) :

Nom	*Académie*
Lycée Michel Montaigne (Bordeaux)	Bordeaux
Lycée Marcelin Berthelot (Saint-Maur)	Créteil
Lycée Carnot (Dijon)	Dijon
Lycée Berthollet (Annecy)	Grenoble

Nom	Académie
Lycée Saint-Paul (Lille)	Lille
Externat Sainte-Marie (Les Maristes') (Lyon)	Lyon
Institution des Chartreux (Lyon)	Lyon
Lycée Vial (Nantes)	Nantes
Lycée Stanislas (Cannes)	Nice
Prepacom (Paris 4e)	Paris
Lycée Montaigne (Paris 6e)	Paris
Intégrale (Paris 16e)	Paris
Lycée Carnot (Paris 17e)	Paris
Lycée Chateaubriand (Rennes)	Rennes
Lycée Kléber (Strasbourg)	Strasbourg
Lycée Ozenne (Toulouse)	Toulouse

Groupe 3

Une bonne partie des étudiants intègre les six meilleures écoles (HEC, ESSEC, ESCP-Europe, EM Lyon, EDHEC, Audencia) :

Nom	Académie
Lycée Charles de Gaulle (Caen)	Caen
Lycée Blaise Pascal (Clermont-Ferrand)	Clermont-Ferrand
Lycée Champollion (Grenoble)	Grenoble
Lycée Gaston Berger (Lille)	Lille
Lycée de Saint-Just (Lyon)	Lyon
Lycée Saint-Charles (Marseille)	Aix-en-Provence
Lycée Henri Poincaré (Nancy)	Metz-Nancy
Lycée Privé Saint-Joseph du Loquidy (Nantes)	Nantes
Lycée Saint-Michel de Picpus (Paris 12e)	Paris
Lycée Claude Monet (Paris 13e)	Paris
Ipecom (Paris 16e)	Paris
Initiale (Paris 16e)	Paris
Lycée Gustave Flaubert (Rouen)	Rouen
Lycée Parc de Vilgenis (Massy)	Versailles
Lycée Sainte-Croix (Neuilly)	Versailles
Lycée Alfred Kastler (Cergy)	Versailles

Groupe 4

La tête de classe intègre les six meilleures écoles (HEC, ESSEC, ESCP-Europe, EM Lyon, EDHEC, Audencia) ; la majorité des étudiants intègre des écoles du groupe ÉCRICOME :

Nom	*Académie*
Lycée La Nativité (Aix-en-Provence)	Aix-en-Provence
Lycée Claude Fauriel (Saint-Étienne)	Lyon
Lycée Georges de La Tour (Metz)	Metz-Nancy
Lycée Alphonse Daudet (Nîmes)	Montpellier
Lycée Notre-Dame de la Merci (Montpellier)	Montpellier
Centre International de Valbonne (Sophia-Antipolis)	Nice
Lycée Voltaire (Orléans)	Orléans-Tours
Lycée Rodin (Paris 13e)	Paris
Institut des Sciences et Techniques Humaines ISTH (Paris 16e)	Paris
Lycée Aliénor d'Aquitaine (Poitiers)	Poitiers
Lycée Marie de Champagne (Troyes)	Reims
Lycée Alexandre Dumas (ex-Florent Schmitt) (Saint-Cloud)	Versailles
Lycée Teilhard de Chardin (Saint-Maur)	Versailles
Lycée Paul Gauguin (Papeete)	Tahiti

Groupe 5

Quelques étudiants intègrent les six meilleures écoles (HEC, ESSEC, ESCP-Europe, EM Lyon, EDHEC, Audencia) ; la plupart intègre des écoles du groupe ÉCRICOME ou d'autres ESC :

Nom	*Académie*
ISMC (La Cadenelle) (Marseille)	Aix-en-Provence
Lycée Dominique Villars (Gap)	Aix-en-Provence
Institution Notre-Dame des Minimes (Lyon)	Lyon
Lycée Jeanne d'Arc (Caen)	Caen
Lycée Hector Berlioz (Vincennes)	Créteil
Lycée Henri Moissan (Meaux)	Créteil
Lycée Jean XXIII (Montigny-lès-Metz)	Metz-Nancy
Praxis (Nice)	Nice
Institution Frilley (Paris 17e)	Paris
Lycée Georges Clemenceau (Reims)	Reims
Lycée Michel de Montaigne (Mulhouse)	Strasbourg

Nom	Académie
Lycée Saliège (Balma)	Toulouse
Lycée Théophile Gautier (Tarbes)	Toulouse
Lycée Jean-Baptiste Corot (Savigny-sur-Orge)	Versailles

Groupe 6

La majorité des étudiants intègre des écoles du groupe ÉCRICOME et d'autres ESC de province :

Nom	Académie
Lycée Militaire (Aix-en-Provence)[2]	Aix-en-Provence
Lycée Madeleine Michelis (Amiens)	Amiens
Lycée Courbet (Belfort)	Besançon
Lycée Saint-Joseph (Périgueux)	Bordeaux
Lycée Le Verrier (Saint-Lô)	Caen
Lycée Madame de Stael (Montluçon)	Clermont-Ferrand
Institution Saint-Alyre (Clermont-Ferrand)	Clermont-Ferrand
Lycée Militaire (Autun)	Dijon
Lycée Saint-Benigne (Dijon)	Dijon
Lycée Camille Vernet (Valence)	Grenoble
Lycée Gambetta (Arras)	Lille
Lycée Edgar Quinet (Bourg-en-Bresse)	Lyon
Lycée Saint-Louis (Saint-Étienne)	Lyon
Lycée de Bellevue (Fort-de-France)	Martinique
Lycée Notre-Dame de Bon Secours (Perpignan)	Montpellier
Lycée Henri Bergson (Angers)	Nantes
Lycée Joachim du Bellay (Angers)	Nantes
Lycée Bonaparte (Toulon)	Nice
Lycée Privé IMES (Nice)	Nice
Lycée de Kerichen (Brest)	Rennes
Lycée Saint-Vincent Providence (Rennes)	Rennes
Lycée de Bellevue (Fort-de-France)	Martinique
Lycée Saint-Francois de Sales (Rouen)	Rouen
Lycée-collège épiscopal Saint-Étienne (Strasbourg)	Strasbourg
École Nationale de Commerce (Paris 13e)	Paris
Cours privé Clapeyron (Paris 8e)	Paris
Préparation commerciale supérieure (Paris 7e)	Paris
Lycée Saint-Exupéry (Mantes-la-Jolie)	Versailles
Lycée Jean-Jacques Rousseau (Sarcelles)	Versailles
Institut marocain de Management (Casablanca)	Maroc

Nom	Académie
Institut supérieur de Management (Dakar)	Sénégal
Groupe INSTEC (Abidjan)	Côte d'Ivoire

Classement des « prépas » HEC voie scientifique (ECS)

Groupe 1

Une majorité d'étudiants intègre les trois « Parisiennes » (HEC, ESSEC, ESCP-Europe) :

Nom	Académie
Lycée Marcelin Berthelot (Saint-Maur)	Créteil
Lycée Saint-Jean (Douai)	Lille
Lycée du Parc (Lyon)	Lyon
IPESUP-PREPASUP (Paris 4e)	Paris
Lycée Henri IV (Paris 5e)	Paris
Lycée Louis le Grand (Paris 5e)	Paris
Lycée Saint-Louis (Paris 6e)	Paris
Lycée Stanislas (Paris 6e)	Paris
Lycée Janson de Sailly (Paris 16e)	Paris
Lycée Carnot (Paris 17e)	Paris
Lycée Pierre de Fermat (Toulouse)	Toulouse
Lycée Sainte-Geneviève (Ginette) (Versailles)	Versailles
Lycée Notre-Dame du Grandchamp (Versailles)	Versailles
Lycée Hoche (Versailles)	Versailles

Groupe 2

La plupart des étudiants intègre les six meilleures écoles (HEC, ESSEC, ESCP-Europe, EM Lyon, EDHEC, Audencia) :

Nom	Académie
Lycée Thiers (Marseille)	Aix-en-Provence
Lycée Michel Montaigne (Bordeaux)	Bordeaux
Lycée Saint-Paul (Lille)	Lille

Nom	*Académie*
Externat Sainte-Marie (Les Maristes) (Lyon)	Lyon
Lycée de Saint-Just (Lyon)	Lyon
Institution des Chartreux (Lyon)	Lyon
Lycée Fabert (Metz)	Metz-Nancy
Lycée Joffre (Montpellier)	Montpellier
Lycée Clemenceau (Nantes)	Nantes
Lycée Massena (Nice)	Nice
Lycée Lavoisier (Paris 5e)	Paris
Lycée Chaptal (Paris 8e)	Paris
Intégrale (Paris 16e)	Paris
Lycée Saint-Jean de Passy (Paris 16e)	Paris
Lycée Chateaubriand (Rennes)	Rennes
Lycée Kléber (Strasbourg)	Strasbourg
Lycée Ozenne (Toulouse)	Toulouse
Lycée Lakanal (Sceaux)	Versailles
Lycée Jeanne d'Albret (Saint-Germain)	Versailles
Lycée Descartes (Rabat)	Maroc

Groupe 3

Une bonne partie des étudiants intègre les six meilleures écoles (HEC, ESSEC, ESCP-Europe, EM Lyon, EDHEC, Audencia) :

Nom	*Académie*
Lycée Blaise Pascal (Clermont-Ferrand)	Clermont-Ferrand
Lycée Carnot (Dijon)	Dijon
Lycée Berthollet (Annecy)	Grenoble
Lycée Champollion (Grenoble)	Grenoble
Lycée Gaston Berger (Lille)	Lille
Lycée Ampère (Lyon)	Lyon
Initiale (Paris 16e)	Paris
Lycée Montaigne (Paris 6e)	Paris
Lycée Saint-Michel de Picpus (Paris 12e)	Paris
Lycée Claude Bernard (Paris 16e)	Paris
Lycée Saint-Vincent Providence (Rennes)	Rennes
Lycée Alfred Kastler (Cergy)	Versailles
Lycée Michelet (Vanves)	Versailles
Lycée Pasteur (Neuilly)	Versailles

Groupe 4

La tête de classe intègre les six meilleures écoles (HEC, ESSEC, ESCP-Europe, EM Lyon, EDHEC, Audencia); la majorité intègre des écoles du groupe ÉCRICOME :

Nom	*Académie*
Lycée Paul Cézanne (Aix-en-Provence)	Aix-en-Provence
Lycée Louis Pergaud (Besançon)	Besançon
Lycée Louis-Barthou (Pau)	Bordeaux
Lycée Malherbe (Caen)	Caen
Lycée Jacques Amyot (Melun)	Créteil
Lycée Faidherbe (Lille)	Lille
Lycée Henri Poincaré (Nancy)	Metz-Nancy
Lycée Dessaignes (Blois)	Orléans-Tours
Lycée Descartes (Tours)	Orléans-Tours
IPECOM (Paris 16e)	Paris
Lycée Hélène Boucher (Paris 20e)	Paris
Lycée Pierre Corneille (Rouen)	Rouen
Lycée La Bruyère (Versailles)	Versailles
Lycée Alexandre Dumas (ex-Florent Schmitt) (Saint-Cloud)	Versailles
Lycée Bellepierre (Saint-Denis de La Réunion)	Réunion

Groupe 5

Quelques étudiants intègrent les six meilleures écoles (HEC, ESSEC, ESCP-Europe, EM Lyon, EDHEC, Audencia); la plupart intègre des écoles du groupe ÉCRICOME ou d'autres ESC :

Nom	*Académie*
Lycée Notre-Dame de Sion (Marseille)	Aix-en-Provence
Lycée Sainte-Marie Grand Lebrun (Bordeaux)	Bordeaux
Lycée Albert Schweitzer (Le Raincy)	Créteil
Lycée Camille Vernet (Valence)	Grenoble
Lycée Henri Wallon (Valenciennes)	Lille
Lycée Gay-Lussac (Limoges)	Limoges
Lycée Claude Fauriel (Saint-Étienne)	Lyon
Institut Emmanuel d'Alzon (Nîmes)	Montpellier
Externat des Enfants Nantais (Nantes)	Nantes
Lycée Gabriel Touchard (Le Mans)	Nantes

Nom	Académie
Praxis (Nice)	Nice
Lycée Dumont d'Urville (Toulon)	Nice
Lycée Pothiers (Orléans)	Orléans-Tours
Lycée Camille Guérin (Poitiers)	Poitiers
Lycée Franklin Roosevelt (Reims)	Reims
Lycée de Kerichen (Brest)	Rennes
Lycée Michel de Montaigne (Mulhouse)	Strasbourg
Lycée Saliège (Balma)	Toulouse
Lycée Descartes (Antony)	Versailles
Lycée Sainte-Croix (Neuilly)	Versailles

Groupe 6

La majorité des étudiants intègre des écoles du groupe ÉCRICOME et d'autres ESC de province :

Nom	Académie
Lycée Louis Thuillier (Amiens)	Amiens
Lycée René Cassin (Bayonne)	Bordeaux
Institution Saint-Alyre (Clermont-Ferrand)	Clermont-Ferrand
Lycée Pontus de Thyard (Chalon-sur Saône)	Dijon
Lycée ITEC-Boisfleury (La Tronche)	Grenoble
CCI de Pointe-à-Pitre (Pointe-à-Pitre)	Guadeloupe
Lycée Albert Châtelet (Douai)	Lille
Lycée Jean Bart (Dunkerque)	Lille
Lycée Mongazon (Angers)	Nantes
Lycée Jacques Decour (Paris 9e)	Paris
Lycée Paul Valéry (Paris 12e)	Paris
Institution Frilley (Paris 17e)	Paris
Préparation commerciale supérieure (Paris 7e)	Paris
Lycée René Josué Valin (La Rochelle)	Poitiers
Lycée Pierre Bayen (Châlons-en-Champagne)	Reims
Lycée Dupuy de Lôme (Lorient)	Rennes
Lycée Francois Ier (Le Havre)	Rennes
Lycée International (Strasbourg)	Strasbourg
Lycée Bellevue (Albi)	Toulouse
Lycée Omar Khayyam (Rabat)	Maroc

Classement des « prépas » ECT

Groupe 1

Des étudiants sont régulièrement admis dans les six meilleures écoles (HEC, ESSEC, ESCP-Europe, EM Lyon, EDHEC, Audencia) :

Nom	*Académie*
Lycée Notre-Dame du Grandchamp (Versailles)	Versailles

Groupe 2

De nombreux étudiants sont admis dans les écoles du groupe ÉCRICOME et un certain nombre dans les six meilleures écoles (HEC, ESSEC, ESCP-Europe, EM Lyon, EDHEC, Audencia) :

Nom	*Académie*
École Nationale de Commerce – ENC Bessières (Paris 17e)	Paris
Lycée Turgot (Paris 3e)	Paris
Lycée Mas de Tesse – Jules Guesde (Montpellier)	Montpellier
Lycée Gaston Berger (Lille)	Lille
Lycée Chevrollier (Angers)	Nantes
Lycée Voltaire (Orléans)	Orléans-Tours
Lycée Ozenne (Toulouse)	Toulouse
Lycée Michelet (Vanves)	Versailles

Groupe 3

La tête de classe intègre ÉCRICOME/Grenoble EM/Audencia :

Nom	*Académie*
Lycée technique Jean Perrin (Marseille)	Aix-en-Provence
Lycée Salvador Allende (Hérouville-Saint-Clair)	Caen
Lycée La Martinière La Duchère (Lyon)	Lyon
Lycée Les Bruyères (Sotteville-lès-Rouen)	Rouen
Lycée Parc de Vilgenis (Massy)	Versailles

Groupe 4

La majorité des élèves intègre des ESC de province, en dehors des écoles du groupe ÉCRICOME :

Nom	*Académie*
Lycée Édouard Gand (Amiens)	Amiens
Lycée Sidoine Apollinaire (Clermont-Ferrand)	Clermont-Ferrand
Lycée Pablo Picasso (Fontenay-sous-Bois)	Créteil
Lycée Le Castel (Dijon)	Dijon
Lycée Les Eaux Claires (Grenoble)	Grenoble
Lycée Montplaisir (Valence)	Grenoble
Lycée Frédéric Chopin (Nancy)	Metz-Nancy
Lycée Beau Site (Nice)	Nice
Lycée de La Venise Verte (Niort)	Poitiers
Lycée Franklin Roosevelt (Reims)[3]	Reims
Lycée Jules Lesven (Brest)	Rennes
Lycée Bellepierre (Saint-Denis de La Réunion)	Réunion
Lycée René Cassin (Strasbourg)	Strasbourg
Lycée Alfred Kastler (Cergy)	Versailles
Lycée Al Khansa (Casablanca)	Maroc
Lycée Technique de Taza (Taza)	Maroc
Groupe Scolaire La Résidence (Casablanca)	Maroc

Index

Index

(Footnotes)

1. « Prépa » ouverte en 2008 en voie économique ; classement fondé sur notre évaluation du niveau de recrutement et les résultats de la section scientifi que.
2. Pour les établissements militaires, les résultats sont à relativiser, puisque l'objectif de ces « prépas » est l'intégration à l'ESM Saint-Cyr, non aux écoles de commerce.
3. Cette « prépa » étant ouverte depuis 2009, son niveau est impossible à évaluer pour le moment.

Composé par Marie Housseau

Dépôt légal : avril 2010
N° d'éditeur : 4062
IMPRIMÉ EN FRANCE

Achevé d'imprimer le 21 avril 2010
sur les presses de l'imprimerie « La Source d'Or »
63039 Clermont-Ferrand
Imprimeur n° 12579

Dans le cadre de sa politique de développement durable,
La Source d'Or a été référencée IMPRIM'VERT®
par son organisme consulaire de tutelle.
Cet ouvrage est imprimé - pour l'intérieur -
sur papier offset « Amber Graphic » 90 g
provenant de la gestion durable des forêts,
des papeteries Arctic Paper, dont les usines ont obtenu
les certifications environnementales ISO 14001 et E.M.A.S.